오늘도 지하철 타고
출근합니다

오늘도 지하철 타고 출근합니다
어느 공무원이 쓴 조용한 성장의 기록

초 판 1쇄 2025년 09월 17일

지은이 김호종
펴낸이 류종렬

펴낸곳 미다스북스
본부장 임종익
편집장 이다경, 김가영
디자인 임인영, 윤가희
책임진행 안채원, 이예나, 김요섭, 김은진

등록 2001년 3월 21일 제2001-000040호
주소 서울시 마포구 양화로 133 서교타워 711호
전화 02) 322-7802~3
팩스 02) 6007-1845
블로그 http://blog.naver.com/midasbooks
전자주소 midasbooks@hanmail.net
페이스북 https://www.facebook.com/midasbooks425
인스타그램 https://www.instagram.com/midasbooks

© 김호종, 미다스북스 2025, *Printed in Korea*.

ISBN 979-11-7355-488-9 03810

값 18,500원

※ 파본은 구입하신 서점에서 교환해드립니다.
※ 이 책에 실린 모든 콘텐츠는 미다스북스가 저작권자와의 계약에 따라 발행한 것이므로 인용하시거나 참고하실 경우 반드시 본사의 허락을 받으셔야 합니다.

미다스북스는 다음세대에게 필요한 지혜와 교양을 생각합니다.

추천사		7
프롤로그	평범한 삶에도 노선이 있다면	8

1장 대중교통, 새로운 삶의 출발선에서

지하철에서 시작된 인생 여정	15
일부러 버스를 타지 않은 이유	23
야간 자율 학습이 끝나면	29
시내버스 옆자리 소주 반병	34
지하철로 미국에 갈 수 있을까	40
매일 디스코팡팡을 탑니다	45
내 인생도 환승이 가능할까?	50

2장 어두운 터널을 지나면

불안한 내 청춘의 경유지, 강남역	57
멈춰버린 나의 인생 열차	61
노량진, 내 인생의 탈출구	66
지하철 타고 출근합니다	73
수원행 7000번 심야버스	79
파마하느라 지각한 9급 공무원	84
아버지에게 보낸 문자메시지	91
지하철 한구석, 욕받이 공무원	97

3장  또 다른 삶으로 환승할 시간

봉천역에 사랑 걸렸네   105

드디어 8급으로 환승합니다   111

전세 정류장에 내린 나의 부모님   116

지하철은 상장을 싣고   123

여기서 하차하겠습니다   129

새로운 역, 새로운 업무   133

우리 부부의 오작교가 된 지하철   138

4장  이번 역은 희로애락, 희로애락 역입니다

우리 집 찾아 버스 타고 삼만리   147

서로 다른 인생 노선이 하나되는 날   153

독산역 신혼 로맨스   158

지하철역에서 매일 만나던 그녀   163

우리 집이란 종착역은 어디였을까   167

지하철 4호선 끝자락, 신혼부부   173

노선을 잃어버린 아내   177

엄마 아빠, 얼른 탑승하세요!   184

꿈이라는 종착역을 향해

5장

승진 열차, 한 번 더 탈 수 있을까   191

나 홀로 지하철   196

출근길 아닌 꿈의 길로   200

딸아이, 더 넓은 세상으로 승차하던 날   204

출간문이 열렸습니다   210

마라톤 뛰려고 지하철 탄 사연   216

에필로그   노선 끝에 내가 그리던 나를 만나길   221

추천사

지하철에 몸을 싣고 매일 같은 길을 오가지만, 마음은 날마다 다른 풍경을 지나갑니다. 이 책은 그 평범한 길 위에서 발견한 특별한 성찰을 담고 있습니다. 저자는 회사와 집을 오가는 사이에서 흔들리고 고민하며, 때로는 지쳐버리는 우리들의 마음을 다정하게 기록했습니다. 읽다 보면 내 일기장을 들여다보는 듯 공감되고, 동시에 '나만 그런 게 아니구나.' 하는 안도감이 찾아옵니다. 결국 이 책은 우리 모두에게 건네는 다정한 위로의 손길이자, 삶의 가치를 다시 일깨워주는 고백입니다.

부아c 38만 인플루언서

프롤로그

평범한 삶에도
노선이 있다면

서민의 발이 되어주는 대중교통. 직장인이라면 의심할 여지 없이 가족만큼이나 평생 함께하는 친구가 될 것이다. 어느 날, 지하철 그리고 버스가 마흔을 앞둔 나의 삶에 동행하며 어떤 인생의 기록을 남겨왔는지 궁금해졌다. 그들이 내 삶에 어떤 영향을 줬고, 어떤 방식으로 내 인생을 이끌어줬는지 그 여정을 기록하고 싶었다.

그저 평범하기 그지없는 일상을 책으로 내는 게 과연 맞는 일인지 그리고 기억조차 흐린 오랜 시절의 추억을 굳이 끄집어내며 괜한 곳에 에너지를 소모하는 건 아닌지 고민했다. 그래도 일단 시도해 보기로 했다. 이제껏 내가 살아온 인생을 글로 차분히 기록하는 것만으로도 충분히 가치 있는 일이고 나의 이야기가 누군가에게 작은 위안 또는 희망이 될지도 모른다는 생각으로 글을 써 내려가기 시작했다.

이번 『오늘도 지하철 타고 출근합니다』를 출간하기 위해 오랜 시간을 투자했다. 코흘리개 시절의 기억을 더듬느라 머리를 긁적였고, 내가 회고하는 사건들이 행여 미화되진 않았는지 자기 검열을 하기도 했다. 각기 다른 에피소드를 통해 나는 어떻게 성장해 오고 절망했는지 그 기억의 조각을 맞추기 위한 충분한 시간도 필요했다.

이 책은 내 어린 시절부터 마흔을 앞둔 현재까지의 삶을 조명하며 내 삶과 평생 함께한 대중교통에 얽힌 여러 에피소드를 연대기적으로 소개한다. 많은 이들이 '다들 그렇게 사는 거야.'라는 이유로 무엇보다 소중한 자신의 삶을 마치 별거 아닌 것처럼 치부하곤 한다. 그 부분을 위로하고 싶었다.

묻고 싶은 게 하나 있다. 잠시 머릿속으로 숲을 그려보자. 멀리서 바라본 숲, 혹시 어떻게 그려지는가? 녹음이 짙고 빽빽이 들어서 있는 수만 그루의 초록색 나무들이 머릿속에 보일 것이다. 그럼, 이 그림을 한번 확대해 보면 어떨까? 나무의

종류도 다르고 모양도 어느 하나같은 것이 없다. 우리의 인생도 마찬가지다. 직장인의 삶이 일상적인 우리네 인생일는지 모르겠지만, 사실 우리는 이제껏 특별한 인생을 살아왔다.

독일의 물리학자 알베르트 아인슈타인은 이런 말을 했다. "인생을 살아가는 데는 오직 두 가지 방법밖에 없다. 하나는 아무것도 기적이 아닌 것처럼 살아가는 것이고, 다른 하나는 모든 것이 기적인 것처럼 살아가는 것이다." 여러분의 삶은 전자와 후자 중 어떤 형태로 남길 바라는가?

지극히 평범한 내 인생도 다채로운 이벤트의 연속이었다. 난생처음 지하철을 탄 어린 시절, 5년의 백수 생활을 마치고 직장인이 되어 지하철에 오르던 어느 날, 아내와 보금자리를 구하러 버스에 오르락내리락하던 나날까지, 내 인생의 모든 순간에 대중교통이 함께했다. 묵묵히 길을 인도해 준 버스와 지하철에 감사를 표한다. 이 글이 당신의 삶이 절대 평이하지 않다고 그리고 여러분이 언제나 특별한 삶을 살아왔음을 대변할 보통의 글이 되길 바란다. 더 나아가 인생을 회고하며 기록할 수 있는 어떤 계기까지 마련된다면, 이 책은 자기 역할을 최선을 다해 수행했다고 봐도 무방하다.

무의식중에 있는 여러분의 찬란한 인생의 추억을 끄집어내자. 『오늘도 지하철 타고 출근합니다』가 희로애락이 담긴 당신의 특별한 이야기를 되돌아볼 수 있는 괜찮은 도구가 되길 바란다. 지하철 또는 버스에서 잠시 생각에 잠기는 휴식처가 되길 동시에 희망한다. 이 책을 끝까지 읽어냈을 때, 그 어딘가에 살아 숨 쉬는 여러분의 특별한 추억을 또렷이 기억해 내길 진심으로 바라본다. 여러분의 인생은 언제나 특별하다. 그리고 그 곁에는 언제나 버스와 지하철이 있다.

대중교통,
새로운 삶의 출발선에서

대중교통은 나를 새로운 세계로 인도했다.
내 인생의 동반자 지하철과 버스, 그들을 애정한다.

지하철에서 시작된
인생 여정

　태어나서 초등학교에 입학할 때까지 십여 년 넘게 수원의 한 동네에서 자랐다. 부모님께서 맞벌이하느라 우리 형제를 돌봐주는 건 언제나 할머니였다. 할머니는 자기 손으로 직접 우리의 기저귀를 갈아주셨다. 그렇게 우리는 조모의 손에 길러졌다. 당시 우리 집 근처 20여 분 거리에 이모부 가족도 함께 살았다. 이모 집에는 당시 나보다 세 살 그리고 두 살 많은 누나와 형이 있었는데, 이모부네 또한 맞벌이했던 탓에 할머니는 졸지에 우리 형제를 포함해 네 명이나 되는 자식들을 혼자 돌보게 됐다. 지금 생각해 보면 말도 안 되는 이야기지만 그 당시에 할머니는 천하무적이었다.

　때때로 수원의 저 건너편 동네에 살고 있던 외삼촌의 자녀인 형, 누나도 놀러 오곤 했다. 그렇게 여섯 명이나 되는 우리 친척 내외는 수원의 어느 한 동네에서 수많은 추억을 쌓아 올렸다. 동네 대장 노릇을 하던 이모네 사촌 형은 장난꾸러기였다. 젓가락을 콘센트에 집어넣기도 하고 막냇동생에게 생일 선물을 해준다며 러시아 전통 인형 마트료시카처럼 상자에 상자를 넣어 동생을 골탕 먹이기도 하며 기발한 장난을 서슴지 않게 펼치고 다녔다.

추억을 쌓아가던 초등학교 3학년쯤이었을까? 돌연 이모네 가족은 경기도 군포의 산본 신도시로 이사를 하게 된다. 동네 대장 노릇을 하던 사촌 형이 이사 간다는 소식에 어린 마음에 적잖이 서운한 감정이 들었다. 철부지 어린 생각으로 '이모네 식구는 평생 우리 가족과 함께 살 거야.'라는 믿음이 한 방에 무너졌기 때문이기도 했겠다. 다시 생각해 봐도 그 당시의 아쉬움과 허전함은 이루 말할 수 없다.

몇 달이 지나, 아쉬움이 조금은 사그라들 무렵, 이모네 사촌 형, 누나가 우리 집을 방문하는 일이 있었다. "어떻게 둘이 여기까지 왔니?"라는 할머니의 말에 형은 "지하철 탔다가 버스 갈아타고 왔어요. 별로 어렵지 않던데요?"라고 답했다. 그동안 시내버스는 할머니 손을 잡고 수십 차례 타 본 적 있었지만, 지하철이란 대중교통은 어린 내게 생소하기만 했다. 당시 수원에는 단 한 개의 지하철 노선이 있었고, 심지어 지하철을 타려면 무조건 수원역까지 가야 했다. 어린 내게, 지하철은 이용하기 매우 어려운 대중교통 수단 중 하나였던 셈이다.

거미줄같이 복잡한 지하철 노선표를 보고 어느 한 노선을 선택해 지하철을 타고 버스로 갈아타야 겨우 도착할 수 있는 우리 집을 어른도 없이 단둘이 왔다고 하니 형, 누나 내외가 대단해 보일 수밖에 없었다. 그런 모습이 어린 내 눈에는 정말 어른스러워 보였다. 항상 우러러보던 그들이 한층 더 빛나 보이는 순간이었다.

그런 어느 날, 수원 외삼촌네 형, 누나 내외가 우리 형제에게 '이모 집에 놀러 가자.'라는 이야기를 꺼냈다.

"형, 어떻게 갈 건데?"
"버스랑 지하철 타고 갈 거야."

심장이 두근거렸다. 그도 그럴 것이, 형, 누나와 함께 지하철이란 걸 처음 타 본다는 설렘이 있기도 했고, 오랜만에 이모네 친척들을 볼 수 있다는 마음 또한 함께였기 때문이었다. 부모님께 허락을 받고 사촌과 함께 인생 처음으로 지하철을 타게 됐다. 국외 여행을 가는 것도 아니고, 그저 경기도 군포에 있는 친척 집에 가는 일에 불과했다지만 내 기억 속의 그날은 마치 첫 해외여행만큼이나 설레었다. 그렇게 우리는 지하철 여정을 떠났다.

 난생처음 타 보는 지하철을 타기 위해 나는 어떤 준비를 해야 했을까? 제일 먼저 승차권 발권을 해야만 했다. 기계에 동전을 넣고, 목적지 버튼을 누르면 마그네틱 선이 인쇄된 빳빳한 승차권 한 장이 툭 하고 밑으로 떨어진다. 이를 지하철 차단기 투입구에 넣고 통과하면 고대하던 지하철의 세계에 오를 수 있었다. 이 모든 과정이 내겐 신기함 그 자체였다. 그럼, 처음 타 보는 지하철의 모습은 과연 어땠을까? 조용하고 차분했다. 지하철이 속도를 내며 자연스레 몸이 기울어지는 느낌은 마치 놀이기구를 타는 것 같아 신이 나기도 했다. 내 키보다 훨씬 높이 있는 지하철 손잡이를 여유롭게 잡고 서 있는 어른들의 모습은 무척이나 어른스러웠다.

한편, 몇 차례 산본을 다녀본 외삼촌네 형, 누나 내외도 지하철을 탈 때 긴장하는 순간이 한 번은 있었다. 바로 지하철 1호선 금정역에 내려 산본행 4호선으로 환승하는 순간이었다. 차분하게 내리는 것도 중요하고 환승지로 이동해 상행과 하행 중 어느 한 방향을 선택해 지하철을 타야 하는 임무는 어린 나이에도 쉽지만은 않았을 것이다. 잘못하면 서울행 열차에 탑승할 수도 있었으니, 당시엔 그것만큼 중요한 일도 없었겠지 싶다.

전철역 내에 안내판이 떡하니 걸려있고 그저 이를 읽고 이동해 탑승하기만 하면 되는 간단한 일인데도 어린 내 눈에는 그만큼 복잡스러운 일도 없어 보였다. 이를 무리 없이 해내는 형, 누나들이 대단해 보였고 한편으론 부럽기도 했다. 이후, 동생과 이모 집을 몇 차례 다니다 보니 나중에는 속된 말로 눈 감고도 산본역을 갈 수 있을 경험이 쌓였다. 그간 우리 형제도 길눈이 조금 밝아진 셈이었다.

출퇴근을 위해 한 주에 두어 번 지하철을 타고 이동한다. 회사로 향하는 나의 지하철 여정에는 언제나 산본역이 있다. 역을 지날 때마다 그 시절의 내가 떠오르곤 한다. 어린 시절,

지하철은 내게 여행이었다. 여행의 목적은 무엇일까? 여행지에서 우리는 수많은 경험을 하고 견문을 넓히며 자신을 성찰한다. 당시 지하철이 내게 그러한 존재였다. 지하철 타는 일은 친척들을 보는 즐거움도 선사했지만 이와 동시에 부모의 도움 없이 스스로 무언가를 해낼 수 있다는 자신감 또한 선사했다. 창밖으로 보이는 새로운 풍경에 대한 설렘까지 전해줬으니 이는 여행지에서 느끼는 감정과 다를 바 없다.

 몇 달 전, 딸아이와 함께 지하철을 탈 일이 있었다. 어린 딸아이가 생애 처음 지하철을 탔다고 상상해 보라. "기차다. 우와!" 하고 연신 탄성을 내뱉으며, 자동으로 문이 열리고 닫히는 길고 긴 지하철을 바라보며 신기함을 금치 못했다. 얼마나 재밌었는지 목적지에 도착했을 때 내리기 싫다며 울고불고 떼를 쓴 녀석의 모습은 쉬이 잊을 수 없다. 그날을 딸아이는 기억하고 있을까? 어린 시절의 내가 그랬듯이 녀석에게 지하철이 여행이란 추억으로 간직되길 바란다.

 프랑스의 작가 마르셀 프루스트는 이런 말을 했다. '진정한 발견의 여정은 새로운 풍경을 찾는 것이 아니라 새로운 눈을 가지는 것이다.' 어린 시절, 지하철은 내게 여행이었다. 여러분이 지하철을 처음 탔던 순간은 그 언제였는가? 그날의 기억을 잠시 떠올려보길 희망한다.

지하철, 그 여행의 시작

작은 손에 쥔 승차권 한 장
형, 누나 따라 지하철 여행을 나섰다.

작은 발걸음 앞에는
어느새 설렘이 먼저 다가와 있다.

지하철 차창 밖 풍경은
어린 내게 모험이었다.

빠르게 스쳐 가는 드넓은 세계를
소년은 한참이나 바라봤다.

지하철은 새로운 세상이 있다며
내게 조용히 속삭였다.

세월이 흘러, 딸아이와 함께 지하철을 탄다.
그 눈빛 속에 내 어린 날이 있다.

지하철은 낯선 이의 마음을 열어준다.
새로운 여행은 지하철로부터 시작되나 보다.

일부러 버스를
타지 않은 이유

지하철이 여행이라고 생각하던 철부지 초등학생이 어느새 중학교에 입학하게 됐다. 당시 내가 살던 수원은 어떤 방식으로 중학교를 배정했을까? 속칭 '뺑뺑이'라는 무작위 방식이었다. 이를 내가 나름 명확히 기억하는 데는 나름의 이유가 있다. 집 바로 앞에 있는 중학교를 두고 시내버스로 1시간이나 걸리는 한 남자 중학교로 가게 됐으니 내가 이를 기억을 못 할 리 없다. 소위 꼴통 학교라 불리며, 대부분 내 또래 아이들이 가기 싫어한 그 중학교에 지지리도 복도 없는 몇몇 친구들과 함께 왔다. 해당 중학교에 가게 됐다고 심지어 울기도 하는 친구도 있었으니, 어떤 느낌의 학교였는지 가늠이 갈 것이라 믿는다.

당시 집에서 저 멀리 위치한 중학교에 다닐 방법은 두 가지가 있었다. 첫째는 시내버스를 타고 통학하는 방법이었고, 둘째는 '스쿨버스'라 불리는 노란색 승합차를 타고 등하교하는 것이었다. 초등학생 테를 갓 벗은 내가 못 미더웠는지 부모님은 내게 노란색 스쿨버스를 타고 통학할 것을 제안했다. 그렇게 내 3년의 스쿨버스 인생이 시작됐다.

원거리 학교를 통학하는 중학생의 아침은 일찍부터 부산하다. 여러 친구가 탑승하는 승합차의 특성상, 시간표에 맞추어 차량에 탑승해야 했기 때문이었다. 행여 놓치기라도 하는 날에는 부모님의 잔소리와 같은 후폭풍이 어마어마했다. 아마 그때부터 장거리를 다니기 위해 일찍 일어나는 습관이 길러졌지 않나 싶다. 이 버스의 특징 중 하나는 '하교 시간이 동일하다.'라는 점이겠다. 혹시 놓치기라도 하는 날에는 개별로 시내버스를 타고 귀가하거나 자기 부모에게 연락해 함께 집으로 돌아가곤 했다.

매일 하교 시간이 같았다면 좋았으련만 학교에서 보충 수업을 하거나 친구들과 놀러 가는 날에는 노란 버스를 놓아줄 수밖에 없었다. 그럼 이런 상황에 다른 친구들은 대부분 어떻게 귀가했을까? 본인의 부모를 불러 귀갓길에 오르곤 했다. 그럼 나도 맞벌이하는 부모님에게 '저 좀 데리러 와주세요!'라고 말할 수 있었을까? 단연코 아니었다. 아버지가 내게 알려준 몇몇 시내버스와 환승지를 익히고 중학교 1학년 시절부터 시내버스에 몸을 싣고 집으로 돌아왔다.

우스갯소리 하나 하자면 가끔 버스 탈 때 버스표가 아까워 표를 반으로 죽 찢어 반 표만 내고 탑승했던 추억도 있다. 반 표를 만들면 버스를 두 번이나 탈 수 있는 놀라운 마법이 펼쳐졌다. 당시 버스표 가격은 300원 정도였는데, 반 표로 아낀 버스값으로 신나게 군것질을 해대곤 했다. 뭐 어찌 됐든, 그런 날엔 단지 하교만을 위해 부모님을 부르긴 쉽지 않았다. 그러던 어느 날이었다. 정규 수업 외 나머지 공부로 학교에 늦게까지 남아 홀로 하교하던 날, 아버지에게 전화를 걸었다.

"아빠, 저 좀 데리러 와주시면 안 돼요?"
"뭐? 왜."
"학교가 늦게 끝나서요."
"버스 타고 오면 되잖아."

"아, 깜빡하고 돈을 집에 두고 왔어요."
"알겠다."

머쓱한 대화를 마치고, 죄 없는 신발주머니를 툭툭 차고 문방구 앞에서 오락하는 친구들을 하염없이 바라봤다. 1시간 여가 흘렀을 무렵, 익숙한 번호판의 자동차 한 대가 학교 정문에 닿았다.

"아빠!"
"비상금 가지고 다니라고 했잖아."
"죄송해요. 깜빡했어요. 다음부터는 안 그럴게요."

만나자마자 아버지께 한 소리를 들었다. 그 당시 아버지는 회사에 정말 진심이었다. 야근을 밥 먹듯이 했기에 주중에 아버지를 보기란 쉽지 않았다. 자주 대화를 못 나눈 덕에 데면데면하기까지 했던 건 물론이었다. 오죽했으면 아버지같이 살고 싶지 않았다는 생각을 그 어린 시절부터 하기 시작했을까? 사실 그날, 나는 아버지에게 거짓말을 했다. 교복 바지 주머니에 버스표도 있었고 가방 안에는 비상금도 있었다. 그럼 나는 도대체 왜 그렇게 행동했을까? 그냥 아버지가 보고 싶었다. 다른 아이들과 같이 전화만 하면 부리나케 달려오는 모습을 보고 싶었던 것도 아니고 그저 오랜만에 아버지가 그리웠다.

그날 이후, 내가 아버지에게 전화하는 일은 없었다. 아버지의 바쁜 일상에 누가 되고 싶지 않았다. 한 소리 들으면 몇 날 며칠을 속앓이하며 마음을 달래는 일도 내키지 않았다. 아버지는 이날을 기억하고 있을까? 누군가에게 전하고 싶은 마음은 때론 세월이 흐른 뒤에야 나타난다. 그때 미처 표현하지 못했던 감정이지만, 이제야 그 마음을 꺼내본다. 그날의 나는 아버지를 무척이나 그리워했다. 그 마음을 숨기던 한 중학생은 어느덧 세 살 딸아이의 아빠가 됐다. 나는 딸아이에게 어떤 모습으로 비추어질지 궁금하다. 내가 그토록 원하는 친구 같은 아빠로 과연 남을 수 있을까? 스스럼없이 내게 다가와 줬으면 좋겠다. 딸아이의 작은 외침에 늘 부응할 수 있는 친근한 아빠가 되길 동시에 바라본다.

그날, 그냥 아빠가 보고 싶었던 것뿐이야

야간 자율 학습이
끝나면

  학창 시절, 운이 지지리도 없었던 건지 고등학교 역시 집에서 대중교통으로 1시간 이상 걸리는 북수원의 한 고등학교로 배정받았다. 0교시 수업을 듣기 위해 중학교 시절보다 더 이른 기상을 해야 했다. 매일 시내버스를 타고 다닐 수 없는 거리에 있는 고등학교였던지라 노란색 스쿨버스와의 질긴 인연은 다시 시작됐다.

  웃기게도 그로부터 한 달이 채 안 된 시점에 나는 고등학교를 재배정받는다. 당시 교육청 측의 무작위 고등학교 배정에 대해 학부모들이 집단 항의를 하며 반사적으로 얻은 결과물이었다. 나의 원거리 통학은 그렇게 단 한 달 만에 막을 내리게 됐다. 기쁨도 잠시, 이 행운은 끝까지 이어질 수 없었다. 이유인즉, 또다시 시내버스를 타고 30분이나 가야 하는, 교복도 촌스럽기 그지없는 한 남자 고등학교로 재배정받게 된 탓이었다. 지금 다시 생각해도 학창 시절은 참 지지리 복도 없었다. 그렇게 대중교통과 떼려야 뗄 수 없는 고등학교 학창 시절이 시작됐다.

아침 7시 반에 시작하는 첫 수업을 듣기 위해 이른 새벽부터 부산하게 움직였다. 반삭발의 까까머리여서 세안하는 데 오랜 시간이 걸리지 않았던 게 그나마 위안이라면 위안이었다. 매일 아침 되풀이되는 0교시 수업과 밤 10시까지 이어지는 야간 자율 학습은 참 고된 일이었다. 다시 생각해도 그 짓을 3년이나 해왔다는 것 자체가 신기할 노릇이다. 누군가는 학창 시절로 돌아가고 싶다고 하는데 사실 나는 곧 죽어도 그 당시로 돌아가고 싶진 않다.

학창 시절, 특출나게 공부에 두각을 드러낸 것도, 활동적인 아이도 아니었다. 그저 8교시까지 이어지는 선생님의 말씀에 열심히 귀 기울이는 척하는 고등학생일 뿐이었다. 야간 자율 학습을 딱 한 번 빼먹어봤다는 사실은 이에 대한 방증이 될 수도 있겠다. 평소에 공부를 그렇게 안 하다가도 벼락

치기로 공부하면 내신 성적이 그럭저럭 나왔으니 단기간 집중하는 능력은 꽤 괜찮았다고 다독여본다. 공부에 긴 호흡을 요구하는 수능은 볼 것도 없이 당연히 망해버렸다.

당시 부모님은 맞벌이하느라 아들 공부에 크게 신경 쓸 겨를이 없었다. 아들을 믿었다고나 할까? 그저 열심히 하라고만 하셨고, 나는 단지 노는 걸 열심히 했을 뿐이었다. 혈기 왕성한 나이, 나의 학창 시절은 답답함 그 자체였다. 아침 7시 반에 시작해 밤 10시까지 이어지는 학교에서의 삶은, 왜 공부해야 하는지 모르는 나와 같은 아이들에게 쥐약이었을 테다. 사실 그렇다고 내 딴에 무언가 특별한 관심사를 가진 것도 아니었다. 늦은 시간까지 이어지는 야간 자율 학습은 참 지루하기 짝이 없었다. 열람실 사이를 이따금 왔다 갔다 하는 선생님 덕분에 눈치를 채는 능력이 탁월해졌다는 게 내가 얻어낸 소기의 능력이라면 능력이었다. 최신 아이리버 MP3를 가진 친구 옆에 앉아 이어폰 하나씩을 귀에 꽂고 야간 자율 학습이 끝나는 오후 10시가 되기만을 매일 손꼽아 기다렸다. 종료 벨 소리가 울리면 가방을 챙겨 누구보다 빠르게 학교 밖을 나섰다. 비탈길을 성큼성큼 걸으며 버스 카드를 손에 꼭 쥐고 귀갓길에 올랐다. 밤 10시 이후에 우르르 귀가하는 학생들로 언제나 만원이 되어버리는 버스 덕분이었다. 만약, 공부하는 데 그 정도의 집중력을 보였다면 나는 아마 꽤 괜찮은 수능 성적을 거두었을지도 모르겠다.

고3 수험생 시절, 대학 진학을 위한 내 전략은 아주 단순했다. 어차피 수능은 장기간의 공부가 필요하니 일찌감치 접어두고, 수시 전형을 통해 대학교에 진학하겠다는 야무진 생각을 했다. 내 전략은 과연 어떻게 됐을까? 세상이 그렇게나 호락호락할 리 없었다. 여러분이 생각한 바 그대로다. 어중간한 내신 성적으로는 합격의 문을 넘어서기 쉽지 않았다. 그렇게 수시 지원했던 대학교에서 일괄 탈락의 쓴잔을 마신다. '세상에 이런 일이'가 아니라 '세상은 원래 그런 법'이었다. '노력 없는 대가는 없다. 세상에 공짜 점심은 없다.'라는 사실을 그때 제대로 알아차렸더라면 얼마나 좋았을까. 이후 치러진 수능 시험에서 나는 그저 그런 내 수준에 딱 알맞은 점수를 받았다. 이후 수도권 내에 있는 이름 모를 어느 한 대학교에 입학하며 내 고등학교 학창 시절은 아주 별다를 것 없이 평이하게 마무리된다.

하루 24시간 중 15시간 이상을 학교에서 보내는 생활을 3

년 내내 했다. 그런데도 고등학교 학창 시절의 기억을 더듬어보면 큰 애정도 그리고 돌아볼 케케묵은 추억도 많지 않다. 꿈과 목표 하나 없던 지난 나의 학창 시절을 보내고 나니 그런 생각이 든다. '내 자식만큼은 안 그랬으면 좋겠다.' 세상의 모든 부모 또한 나와 같은 생각일 것이다. 분명 잘 해낼 녀석이지만, 딸아이가 스스로 깨치길 바랄 뿐이다. 수능 점수에 맞추어 대학교를 결정했다. 사실 말도 안 되는 이야기 아닌가. 딸아이의 꿈은 사정없이 수백 번 넘게 바뀌겠지만 진정으로 본인이 원하는 꿈을 펼칠 수 있는 공간이 학교가 되었으면 하는 바람이다.

죽이 되든 밥이 되든 결국 나는 당시의 상황을 버텨냈다. 그 시절 덕분에 지금의 내가 있다. 버스와 지하철을 타고 우리는 또 하루를 살아간다. 반복되는 일상에 지쳐갈지 모른다. 하나, 어떤 목적을 향해 지하철을 오르내리고 있다는 단순한 사실만으로 우리의 삶은 이미 충분한 의미를 지닌다. 모든 삶은 결코 헛되지 않다.

시내버스 옆자리
소주 반병

　새로 만나는 사람마다 마치 안부처럼 으레 묻는 공통 질문 하나가 있다. 바로 성격 유형 검사라 불리는 'MBTI'가 되겠다. "MBTI가 뭐예요?" 이런 것에 큰 관심이 없어, 나는 한동안 내 MBTI 결과를 사진으로 촬영해 두고 어느 누가 묻기라도 하면 스마트폰 앨범을 한참이나 뒤져 나의 성향을 알려주곤 했다. ISFJ. 내향적인 성격으로 안정성을 추구하고, 가정적이며, 재미가 없는 사람. 어쩜 이렇게 정확하게 맞출 수 있을까? 어렸을 적부터 그래왔다. 친구들 사이에서 있는 듯 없는 듯하고, 친구들에게 묻어가는 친구가 바로 '나'라는 사람이었다.

　지금 생각해 보면 학교에서 말썽부리는 친구들에게 괴롭

힘당하지 않았던 게 신기할 정도다. 동창회에 나가면 '나를 알아볼 친구가 과연 몇이나 있을까?' 싶을 정도로 정말 조용하게, 나의 학창 시절은 흘러갔다. 초등학교 1학년, 딱 한 번 부모님께 생일 축하 파티해달라고 조르다가 단 몇 명의 친구만 참석한 초라한 생일 파티를 경험한 이후부터였는지도 모르겠다.

어쨌건 그날의 사건은 버스에서 시작됐다. 고등학교 1학년 시절, 학교 행사 등으로 인해 이따금 수업이 일찍 끝나는 날이 있었다. 매일 야간 자율 학습을 하다 가끔 주어지는 이른 귀갓길에 친구들과 피시방이나 노래방을 가기도 했지만, 곧장 집으로 향하는 날도 많았다. 사실 친구들과 노는 것보다 집에서 홀로 있는 시간이 더 좋았다.

그날은 나 홀로 버스를 타고 집으로 돌아가는 길이었다. 한낮의 버스는 보통 그리 붐비는 편은 아니다. 자리도 여유 있는 편이고 웬만하면 편하게 집까지 앉아서 갈 수 있다. 그런 그날, 유독 버스에 사람이 많았다. 버스 후문 앞 딱 한자리를 제외하고 자리는 만석이었다. 성큼성큼 빈자리를 찾아 앉았다. 그리고 얼마 지나지 않아 나는 사람들이 왜 그 자리에 앉으려 하지 않는지 알게 됐다.

   대낮에 술이 거나하게 취한 승객 하나가 소주병 하나를 들고 그 자리에 앉아 있었다. 누구도 싫어할 그런 자리에 소심한 내가 무슨 생각이었는지 용기 내 옆자리에 앉았다. 다행히 취객이 주변에 피해를 주거나 딴지를 거는 일은 없었다. 얼마 지나지 않아 취객은 어느 한 정류장에 내렸다. 그렇게 보통의 하루도 종료되는 것 같았다. 자리를 창가 안쪽으로 옮기는 과정에서 내 이목을 이끄는 한 물체를 발견했다. 무엇이었을까? 소주병이었다. 술 취한 아저씨는 마시다 만 소주병을 버스에 그대로 두고 내린 것이었다.

   대수롭지 않게 발로 소주병을 한쪽 구석으로 밀어 넣었다. 곧이어 버스가 다시 출발했다. 어느 정류장에 '멈추고 출발하고'를 반복하니 반쯤 차 있는 소주병이 출렁거렸다. '소주병이 쓰러지면 버스 바닥이 흥건해질 텐데, 괜찮을까?'라는 생각에 한 발로 고정하고 있던 소주병을 어느 순간 손으로 집어 들었다. 무슨 생각이었을까? 내 계획은 이러했다. '버스에서 내려 소주를 바닥에 콸콸 쏟아버리고 남은 병은 쓰레기통에 버린다.' 아주 간단했다. 좀 이상해 보이긴 했지만, 고등학교 1학년 교복을 입은 학생 하나는 초록색 소주병 하나를 집어 들고 집 앞 정류장에 하차했다.

 혹시 술이란 걸 언제 처음 마셨는지 기억나는가? 나는 이 날 처음으로 소주를 마셔봤다. 본래는 소주를 바닥에 버리려 했다. 그 순간, '소주는 과연 어떤 맛일까?'라는 호기심이 발동했다. '대체 무슨 맛이길래, 어른들이 '캬아.'하는 거야. 진짜 궁금한데?'라는 내면의 속삭임이 들려왔다.

 아파트 후문 벤치에 앉아 잠시 고민했다. '그냥 마셔볼까?' 사실 내성적인 사람도 호기심만큼은 왕성하다. 행동으로 옮기는 경우가 거의 없다 할 뿐이지 마음만큼은 여느 인플루언서 못지않다. 주변에 사람은 아무도 없었다. 호기롭게 마셔보기로 했다. 그 자리에서 어느 드라마에서 본 것처럼 소주병을 집어 들고 대차게 병나발을 불었다. 인생 처음으로 마셔본 소주의 맛은 어땠을까? 정말 기가 막혔다. "퉤퉤. 이거 뭐야." 한 모금 크게 입에 물었다가 바로 뿜었다. 내 생에 그렇게 맛도 없고 쓰기만 한 음료는 처음이었다.

 지금에야 술을 이따금 마시는 나지만, 당시 고등학교 1학년

아이가 그 맛을 알 리는 만무했다. 내 인생 첫 음주는 시내버스에서 어느 취객 아저씨가 버리고 간 소주병에 담긴 소주 한 모금이었다. 그 당시의 나는 어떤 고민이 있었던 걸까? 무엇 때문에 알코올 냄새가 그득한 소주를 마시고 싶었던 걸까?

그 어느 날, 소주병 하나를 두고 고민하던 아이가 한 아이의 아빠가 되었다. 훗날 딸아이 또한 세상과 부딪히며 여러 고민에 빠지게 될 것이다. 딸아이는 어떤 방식으로 인생의 숙제를 해결해 나갈까? 그리고 자신의 고민을 내게 솔직하게 털어놓을지도 궁금하다. 고민을 물었을 때 속 시원하게 답해줄 수 있는 그런 아빠가 되고 싶다. 여러분은 자녀를 위해 어떤 부모가 되고 싶은가? 그리고 학창 시절의 여러분은 버스나 지하철에서 무엇을 했었나? 되돌아봤으면 한다. 그때 그 시절, 버스와 지하철에 우리의 고민이 실려있었다.

버스는 언제나 당신의 삶과 함께였다

지하철로 미국에
갈 수 있을까

 태어나 처음으로 서울을 방문하던 날을 기억할는지 모르겠다. 서울에서 태어나 줄곧 살아왔다면 질문 자체가 의미 없을 수 있겠지만, 나와 같이 경기도 또는 어느 지방에 죽 살아왔던 사람이라면 그 언젠가 처음으로 서울 방문하던 날은 추억으로 남아 있을지 모른다. 경기도 수원에서 30년 이상을 살았다. 어린 시절, 수원을 벗어나 홀로 어딘가를 가는 일은 단 한 번도 상상해 본 적 없다.

 생애 처음 서울을 방문했던 때는 과연 언제였을까? 고등학교 1학년, 부모님이 우리 형제에게 갑작스레 미국 여행을 가자고 제안했다. 그 당시, 이모부 가족 내외가 미국에 거주하고 있기 때문이었다. 이모부가 유학 생활로 미국에 머무르고 있음을 기회 삼아 부모님은 친척도 보고 동시에 미국 여행도 할 요령이었던 것 같다. 더불어, 외할머니가 "이모가 보고 싶다."라고 뱉은 한두 마디 또한 여행의 도화선이 되지 않았을까 싶다.

당시 부모님이 우리 형제에게 미국에 가자고 제안한 일에 굉장한 설렘이 있었다. 티브이에서만 보던 미국이란 나라에 갈 수 있다니, 당시 열일곱 살밖에 되지 않은 내가 얼마나 설레었을지 상상이 될 것이다. 한편, 미국이라는 나라에 입국하기 위한 절차는 꽤 까다로웠다. 부모님이 보유한 재산을 증명해야 하기도 했고, 비자 신청을 위해 별도로 미국 대사관에서 진행되는 인터뷰 면접도 거쳐야 했다. 인터뷰는 미국 입국이 좌우되는 중요한 절차다.

지금 생각해 보면 웃긴 일이다. 내 돈을 내고 여행을 간다는데, 인터뷰까지 거쳐야 한다니 진짜 웃기는 이야기다. 하나, 어린 나이에는 생각이 달랐다. 꼭 한 번쯤은 가보고 싶은 나라였기 때문이었다. 하나, 이와 동시에 '인터뷰를 치러야 한다.'라는 두려움도 있었다. 말주변 없는 내가 영어로 인터뷰해야 하는 사실도 적잖은 부담이었다. 10여 년간 그저 책으로 영어를 공부했을 뿐이지 살면서 외국인 앞에서 영어를 해본 일은 손에 꼽았다.

인터뷰 현장에서 한국말로 대답하면 통역을 해준다는 말은 다소 위안이었지만, 내성적인 내가 면접자의 질문에 똑바로 대답할 수 있을지 의문이었다. 또 행여나 인터뷰에 통과하지 못해 나 홀로 미국에 가지 못하는 최악의 상황이 발생하는 건 아닌지 겁도 먹었다. 2002년 봄, 인터뷰를 위해 미국 대사관이 있는 광화문행 지하철에 몸을 실었다. 그날이 아마 나 홀로 처음으로 서울에 가게 된 날이었을 것이다.

수원역에서 남색 지하철 1호선을 타고 한참을 가면 보라색 5호선 지하철과 만나는 종로3가역이 나온다. 이곳에서 환승을 한 번 하면 광화문역에 도달한다. 이동하는 지하철 안, 마치 취업 면접을 앞둔 취준생처럼 긴장했다. '그들은 내게 무슨 질문을 할까?', '질문에 답을 잘 못 하면 어떡하지?' 등 별의별 생각이 다 들었다. 면접은 무엇보다 복장이 중요하다. 사람의 인상은 보통 3초 안에 판가름 난다. 그렇다면 먼저 복장으로 상대방에게 괜찮은 모습을 보여줘야 한다. 그럼, 나는 어떤 옷차림으로 미국 대사관을 방문하게 됐을까? 촌스러움이 극에 달해 수원 내 고등학교에서도 놀림당하기 일쑤였던 국방색 교복을 입고 대사관 면접을 치르게 된다.

  세계적인 기업 메타의 창업자 마크 저커버그는 "옷차림은 당신이 누구인지 말해주는 방식"이라고 말했다. 반삭발을 한 채, 촌스러운 교복을 입고 대사관에 나타난 나를 보고 면접관은 대체 무슨 생각을 했을까? 그날 면접은 제대로 망했다. 대사관 직원의 질문을 제대로 답변하지 못하고 우물쭈물하다 바보 같은 답변을 줄줄이 하게 된 탓이었다. 그 자리에서 서류를 돌려받았다. 미국 입국 심사가 거절됐다는 말이었다. 가족 모두 미국 여행을 가게 됐는데, 나 홀로 갈 수 없게 됐다. 인터뷰를 마치고 아버지와 늦은 점심을 해결하기 위해 삼계탕집을 방문했다. 나를 다독이는 아버지의 말씀에 눈물이 핑 돌았다. 그래도 삼계탕 하나는 맛있었다.

  그 후에 나는 어떻게 됐을까? 나만 홀로 남겨두고 가족들은 전부 미국으로 훨훨 날아갔을까? 아니면 모든 가족이 미국 여행을 취소했을까? 둘 다 아니다. 일련의 소명 절차를 통해 미국이란 땅을 밟을 기회를 얻게 된다. 스스로 '고진감래'형 인간이라 칭한다. 내 인생이 쉽게 흘러간 적은 정말 단 한 번도 없었다. 차차 이야기보따리를 풀겠지만, 미국 여행의 에피소드는 새 발의 피다.

  우리 인생이 마음대로 흘러간다고 생각해 보자. 단 한 번의 실패와 낙오 없이 승승장구만 하는 여러분을 상상해 보자. 그리 재미있어 보이진 않는다. 길을 가다가 넘어지면 우리는 선택할 수 있다. 그대로 주저앉아 울어버릴 수도 있고 아니면 다시 훌훌 털고 일어서 다시 걸을 수도 있다. 선택은 여러분의 몫이다. 처절하게 부서지고 넘어져 봤다. 내 경험상 다시 딛고 일어섰을 때의 성취감은 언제나 나를 한층 더 성장시켰다. 미국에 가기 위해 서울행 지하철 길에 올랐다. 좌절했으나, 결국 새로운 땅을 밟을 기회를 얻었다. 행운의 여신은 다시 우리에게 찾아온다. 그런 기대감을 안고 오늘도 나는 지하철 그리고 버스에 오른다.

매일
디스코팡팡을 탑니다

　수시 전형으로 대학에 진학할 거라는 핑계로 수능 공부를 일절 하지 않았던 나는, 고등학교 3학년 시절 수시 전형으로 지원한 대학교에서 여봐란듯이 일괄 탈락이라는 쓴맛을 보게 된다. 사실 지원하면서도 확률이 그리 높지 않다는 건 나도 이미 알고 있었다. 특별하게 내세울 만한 무언가도 없었고 그저 어중간한 내신 성적 하나만 달랑 있었으니 이는 맨땅에 헤딩하는 일과 다를 바 없었다. 내 인생의 처음이자 마지막 수능 시험도 당연히 쫄딱 망해버렸다. 재수할 생각은 눈곱만치도 없었던지라 수도권의 한 사립대학교에 입학원서를 넣어버린다. 불행인지 다행인지 결과는 합격이었다.

　그럼 나는 무슨 과를 지원했을까? 그나마 외국어에 관심은 조금 있었던지라, 아침 인사로 "구텐 모르겐!"을 외치는 독어독문학과에 지원하며 본격적인 대학 생활의 시작을 알렸다. 내가 그 학교를 선택한 이유는 아주 단순했다. 집에서 가까워 다니기 편했고, 여기에 다른 이유를 하나 더 해본다면 '통학 거리를 짧게 잡고, 편입 공부하라.'라는 아버지의 조언 때문이었다.

  대학 생활은 신세계였다. 내 마음대로 시간표를 짜고, 수업을 선택해 들을 수 있는 대학 생활은 천국이나 다름없었다. 심지어 마음에 내키지 않으면 수업을 빼먹을 수도 있었으니 이런 세상이 어딨나 싶었다. 무려 3년 동안 고등학교 갇혀있었으니, 고삐가 풀릴 만도 했다. 게다가 아르바이트하며 용돈까지 벌었으니 다시 생각해 봐도 24시간을 마음껏 주무를 수 있었던 대학 생활은 내 인생 최고의 시절 중 하나였다.

  집 앞에서 마을버스를 한 번 타면 대학교까지 갈 수 있었다. 대학 동기들은 저 멀리 서울의 어느 지역에서 버스 타고 지하철 타고 산 넘고 물 건너오는 통학 거리를 나는 마을버스를 타고 한 번에 이동했으니 이만하면 축복 아니었나 싶다. 혹시 '카운티'라 불리는 마을버스를 알고 있나? 25인승

준중형 버스로 기존의 버스보다 작고 기동력이 좋아 골목 이곳저곳을 누빌 수 있는 카운티 버스. 항상 이 마을버스를 타고 통학했다. 심지어 버스에 자리까지 텅텅 비어 있어 원하는 자리에 골라 앉을 수 있는 호사도 누렸다.

 지지리 복도 없지, 중고등학교 6년을 그렇게 멀리 떨어진 곳에 다니다가 대학교 입학해서야 근거리 통학하게 됐다는 사실이 참 웃겼다. 마을버스 뒷자리를 항상 선호했다. 어릴 적 학교에서 꽤 논다는 친구들은 소풍 갈 때, 꼭 버스 맨 뒷자리에 앉곤 했다. 그런 게 부러웠던 거였을까? 학교 가는 길은 유독 재미가 넘쳤다. 놀이기구 '디스코팡팡'을 탄 것처럼 카운티 마을버스만이 가진 특유의 통통거림을 온몸으로 느낄 수 있었기 때문이었다. 자동차에 완충기가 있는 건지 없는 건지 모를 정도로 과속 방지턱만 만나면 엉덩이가 들썩거리는 그 느낌을 잊으려야 잊을 수 없다. 아스콘 상태가 좋지 않은 노면을 달리는 구간은 정말 쉴 새 없이 튀어대는 몸뚱이 덕분에 좌석 손잡이를 꼭 붙잡고 있어야 할 정도였다. 별다른 목적 없이 그저 친구들이 너나 할 것 없이 간다는 이유 하나로 대학교에 진학했다. '편입 준비하겠다.'라는 아버지와의 약속은 어느새 온데간데없이 사라졌다. 매일 노느라 바쁘고 푼돈 벌어보겠다며 공부 대신 오롯이 아르바이트하는 데 집중했던 나의 대학교 1학년 시절은 그렇게 순식간에 지나가 버린다.

딸이 훗날 대학교에 진학하게 될지 아니면 무엇을 할지 궁금하다. 대학교에 진학한다면 본인이 진정 꿈꾸는 학문에 대해 조금 더 깊은 공부를 했으면 하는 바람이고, 내가 상상하지 못한 어떤 도전에 나서보겠다고 말하면 그의 결정에 진심 가득 담은 응원을 보내보려 한다. 무엇보다 남들과 똑같은 삶을 사는 이가 아닌 본인의 인생을 스스로 개척해 나갈 수 있는 딸아이가 되었으면 한다. 왜 공부하는지, 꿈은 무엇인지 그것 하나만큼은 꼭 함께 찾아주고 싶다. 내 부모가 나를 30년 넘게 믿었듯 나 또한 그녀를 영원히 응원해 보려 한다.

인생이 처음부터 순탄할 리 없다. 덜컹거리는 버스는 예기치 못한 인생의 울퉁불퉁함을 보여주는 우리네 인생 같기도 하다. 인생의 굴곡을 경험하며 우리는 조금씩 단단해진다. 그 경험으로 우리 인생의 성숙도는 깊어진다. 또 다른 추억이 내 인생에 가득 담기길 바라며 오늘도 나는 버스에 오른다.

내 대학 생활의 동반자는 마을버스였다

내 인생도
환승이 가능할까?

시간을 거슬러 2005년으로 시계를 되돌려본다. 당시 수원 사람들에게 만남의 장소는 어디였을까? 2025년 서울에 강남역 11번 출구가 있다면, 2005년 당시 수원에는 수원역이 있었다. 백화점 옆 로비 앞 또는 수원역 먹자골목 지하철 출구에서 사람들은 그렇게나 많이 모였다. 당시 수원역은 만남의 중간 또는 최종 집결지 역할을 했다. 수원역에서 7770번 버스를 타고 사당역에서 내려 서울의 어딘가로 놀러 가기도 했고, 지하철 1호선을 타고 저 멀리 명동과 동대문까지 여정을 떠나기도 했다.

대학교 입학 선후배 간 환영회도 수원역에서 열렸다. 학교를 1년 일찍 들어갔던 탓에 유흥주점을 편하게 들락거릴 수 없었던 대학교 1학년 시절엔 동기 주민등록증을 잠시 빌려 종업원에게 "나 성인이에요." 하며 신분증을 내밀던 추억도 있고 헌혈을 30번 하면 기념 증서를 준다는 말에 수원역의 한 헌혈의 집에서 그렇게나 열심히 피를 뽑던 혈기 왕성한 나 또한 수원역에 있었다.

그럼, 이곳에서 나는 주야장천 놀기만 했을까? 그건 아니었다. 유흥 문화의 메카 수원역에서 아이러니하게 편입 공부를 하던 시절도 있었다. 대학교 입학 후 1년을 쉴 새 없이 놀고 늦은 밤이나 돼서야 귀가하는 내 모습을 지켜보다 버럭 화를 낸 아버지 덕분이었다. 편입하겠다고 약속한 큰아들이 하라는 공부는 안 하고, 놀고 그저 돈 벌 궁리만 했으니 탐탁지 않았을 것이다.

아버지가 내게 불호령을 내린 사연은 다음과 같았다. 새로운 고깃집 아르바이트를 시작한 지 3일째 되는 날이었다. 주방 한구석에서 새까맣게 타버린 불판을 열심히 닦고 있을 무렵, 핸드폰 진동이 왔다. 처음에는 무시했지만 잇달아 오는 전화에 고무장갑을 벗고 부재중 전화를 확인했다. 아버지로부터의 전화였다. 지금이나 그때나 호랑이 같은 아버지이지만, 그 시절 아빠는 지금보다 훨씬 무서웠다. 확인하자마자 곧바로 전화를 걸었다.

"여보세요? 아빠 왜요?"
"너 어디야. 당장 집으로 와!"

아버지와의 통화는 10초 만에 끝났다. 급하게 사정을 말하고 집으로 돌아왔다. 집안에는 호랑이 아버지가 있었다. 그렇게 혼나본 적은 태어나서 처음이었다.

"다 큰 놈이 아직도 정신 못 차렸네!"
"당장 편입 공부해!"
"네."

편입 공부가 싫어 은근슬쩍 넘겨보려던 나의 술수는 아버지의 눈에 선하게 보였을 것이다. 그날 이후, 지하철 1호선 그리고 7-1번 시내버스를 수두룩하게 타고 다니며 수원역을 드나들었다. 창피하지만 사실 성인이 된 그때도 왜 그렇게 공부해야 하는지 정확한 이유를 몰랐다. 만약 내가 편입 공부를 정말 하고자 했다면 서울 어딘가에 있는 유명한 편입 학원으로 도시락 싸 들고라도 공부하러 가야 하지 않았을까?

6개월 남짓의 편입 수험 기간을 거쳐, 두세 곳의 대학교에서 편입 시험을 치렀다. 수시 전형에서 일괄 탈락했던 대학 입시의 악몽이 떠올라, 가장 현실적으로 편입이 가능한 몇 개의 대학을 지원했다. 다행히도 이번 결과는 합격이었다. 새로 편입한 대학교에서 나는 어떤 학문을 공부하게 됐을까? 내 생애 이름도 처음 들어본 '부동산학'이라는 학문에 도전하게 된다. 당시에도 아버지의 조언이 큰 몫을 했고, 나는 그의 말을 따랐다.

편입 이후, 아웃사이더로 살아갔다. 동갑내기 친구 하나를 만나기도 했지만, 솔직히 말하면 수업을 혼자 듣는 게 더 편했다. 단지 졸업장을 따기 위해 다녔을 뿐이지, 대학 공부에 큰 관심은 없었다. 군대 다녀온 이후 그나마 아주 조금 정신을 차린 덕에, 취업 걱정이라도 하기 시작한 게 다행이라면 다행이었다. 도서관에서 보내는 시간이 점점 많아졌다. 취업을 위해 스펙이란 걸 갖추기 위해 발동을 걸었다. 그 결과 애매모호한 800점대 토익 점수와 누구나 취득하는 컴퓨터 자격증 몇 개로 취업의 문을 두드리기 시작한다.

20대 시절, 수원역은 내게 놀이터이자 교실이었다. 그 공간에서 밤늦게까지 생각 없이 놀기도 하고, 부모의 불호령을 듣고 한숨 쉬며 공부하기도 했다. 그리고 어느 날부터 정신줄을 놓고 버스에 오르는 날보다 말짱한 정신으로 대중교통을 타는 일이 점점 많아졌다. 그 안에서 나는 인생의 방향을 조금씩 바꾸어 나가기 시작한다. 그때 버스와 지하철은 내게 이렇게 말했을지 모른다. "드디어 정신 차렸구나. 너?"

어두운 터널을 지나면

익숙한 흔들림 속에서 나의 삶은 조금씩 변하기 시작했다.
비슷한 하루 같았지만, 방향만큼은 분명 달라지고 있었다.

불안한 내 청춘의
경유지, 강남역

 영어 교육의 메카 하면 어디가 먼저 떠오르는가? 내겐 강남역이다. 지금이야 모르겠다만, 2010년대 초반만 해도 강남역 모 영어 학원이 그렇게나 인기였다. 해당 학원은 현재 영어 분야에만 국한하지 않고 공무원과 자격증 시험까지 발을 넓혀 여러 교육 사업을 진행하고 있다.

 군 제대 후 3학년 2학기부터 본격적인 취업 준비를 했다. 군대에 다녀온 직후라 모든 일에 자신감이 넘쳤다. '나 취업할 곳 어디 하나 없겠어?', '열심히 하면 무조건 되는 거야.'라는 생각이 머릿속을 가득 채웠다. 당시, 취업 시장에서는 토익은 물론이거니와 토익스피킹이나 오픽(OPIc) 같은 영어 말하기 관련 자격증을 요구했다. 문제지를 보고 OMR카드에

마킹하는 유형의 시험은 십 수년간 해왔던지라 어렵지 않았지만, 눈으로 문제를 보고 짧은 시간 안에 영어로 직접 말해야 하는 새로운 유형의 시험은 내게 부담이었다.

큰 고민 없이 강남역에 있는 모 학원에 등록했다. 당시 집에서 강남역까지 한 번에 갈 수 있는 광역 버스 그리고 대학교에서 곧장 강남으로 직행하는 버스까지 있었으니 고민할 이유는 없었다. 게다가 영어를 제일 잘 가르치는 학원이라는데 당연히 그곳에서 배워야 하지 않겠는가?

매주 2~3회 남짓, 토익스피킹 자격증 취득을 위해 강남역을 드나들었다. 주로 느지막한 시간에 수업을 들었다. 학교 수업 때문이었기도 했고, 저녁엔 강의실이 한산한 편이어서 수업에 집중할 수 있다는 이유였기도 했다. 항상 맨 뒷자리에 앉았다. 행여나 선생님이 나를 발표라도 시킬까 두려웠고, 내성적인 성격 탓에 늘 맨 뒷자리를 고집했다. 그럼, 강남역을 다니며 나는 항상 영어 공부만 했을까? 물론 아니었다. 강남역은 수원역 못지않게 내 청춘의 많은 추억이 담긴 곳이기도 하다. 잘 알아듣지도 못하는 영어를 내뱉느라 얼굴이 벌게진 경험도 있고, 때론 친구들과 술 한잔하고 얼굴이 벌겋게 달아오른 채 불야성을 이루는 강남역 어느 거리를 거닐기도 했다.

　강남역으로 향하는 그 시작과 끝에 항상 빨간색 광역 버스가 있었다. 학원 수업이 귀에 쏙쏙 박히던 어느 날 그리고 모의 면접을 훌륭하게 끝낸 날은 기분 좋게 버스에 올랐고, 취기가 한껏 오른 날에는 버스 맨 뒷좌석에 앉아 창문을 반쯤 열고 도로 위 가로등을 바라보며 고민으로 탑을 쌓은 나날도 있었다. 전역 후 무엇이든 할 수 있을 것 같던 내 자신감도 서서히 옅어졌다. 당시 한 치의 앞도 보이지 않는 안갯속과 같은 미래를 두려워하던 청년 하나가 광역 버스에 몸을 싣고 있었다.

　'타요'라는 만화 혹시 알고 있는가? 버스를 인격화한 애니메이션이다. 우리 딸이 가지고 노는 수많은 장난감 중 하나이기도 하다. 그중 '가니'라는 빨간색 버스 캐릭터가 있다. 성실함과 차분한 성격을 겸비한 해결사 성격의 캐릭터다. 아이가 갖고 노는 빨간색 버스 장난감을 볼 때면, 그 시절이 떠오른다. 빨간색 광역 버스는 묵묵히 나의 꿈과 미래를 응원하고 있었을지도 모른다. 언제나 나를 목적지에 바래다주고,

버스 어느 자리에 앉아 고민할 시간을 내게 마련해줬으니 말이다. 우리네 삶과 떼려야 뗄 수 없는 대중교통 버스. 그 안에서 희망과 불안을 동시에 느끼던 시절이 있었다.

그럼에도 기억해야 할 것은 그 시절을 담담히 이겨낸 스스로에 대한 믿음 아닐까 싶다. 오늘 하루, 당신의 삶은 어땠는지 궁금하다. 김 부장에게 시원스럽게 깨진 날인가? 아니면 업무에 대한 지대한 성과를 이룩한 날인가? 잔잔한 하루를 보낸 날이었다면 더할 나위 없겠다. 기억하자. 여러분 인생의 시작과 끝에 대중교통이 늘 함께했다. 그리고 그들은 당신을 항상 응원하고 있다.

멈춰버린 나의
인생 열차

 군 전역 후, 곧바로 복학했다. 복학 전 아르바이트라도 해서 용돈이라도 좀 모아놓을 심산이었던 나의 계획은 '얼른 졸업해서 취업해라.'라는 아버지의 한마디 덕분에 단번에 틀어졌다. 지금 다시 생각해 보면 아버지의 판단은 아주 정확했다. 덕분에 졸업까지 학교에서 꽤 바쁘게 보냈다. 입대 전, 개판 5분 전으로 받아놓은 성적을 메꾸느라 진땀을 빼기도 했고 점수를 만회하기 위해 1학점당 무려 10만 원이나 하는 계절 학기를 듣기도 했다. 도서관에 틀어박혀 학교 그리고 취업 공부에 열과 성을 다했다.

 어떻게 시간이 갔는지도 모르게 졸업 시즌은 성큼 다가왔다. 이 당시 나의 상황은 어떠했을까? 학교 성적은 가까스로 평균까지 올렸지만, 다른 문제가 산적해 있었다. '학교 공부 하랴 자격증 따랴' 분주하게 보냈건만, 결론적으로 내게 주어진 건 어중간한 성적표 한 장 그리고 여백이 그렇게나 많은 이력서 한 장뿐이었다. 취업에는 도저히 자신이 없고 그저 '시간이 조금 더 필요하지 않을까?'라는 겁쟁이 같은 생각이 스멀스멀 들기 시작한 어느 날, 나는 부모님께 덜컥 다음과 같은 이야기를 꺼내버린다.

"부동산 공부를 좀 더 하고 싶습니다. 대학원에 진학하고 싶어요."
"대학원? 어디로 가게?"
"동 대학원으로 진학하면 좋을 것 같아요. 학비도 저렴하고, 교수님도 좋으셔요."
"그래, 알았다."

그런 나의 제안에 부모님은 생각보다 쉽게 수긍했다. 내 짐작에 당신이 대학 편입과 부동산학과로의 진학을 밀어붙였으니, 사과의 의미로 허락해 준 것이 아닌가 싶은 정도로 추측할 뿐이다. 솔직히 말하면 내가 대학원을 가게 된 이유는 단 하나였다. 도피성으로 부동산 대학원에 진학하게 됐다. 어느 영화 대사에서 말한 것처럼 비겁한 변명이었다. 부동산에 관한 관심은 쥐꼬리만큼도 없었음에도 도저히 취업할 자신이 없어 스스로 내린 바보 같은 결정이었다.

그렇게 도망치다시피 진학하게 된 대학원을 나는 무사히 다닐 수 있었을까? 그럴 리가 없었다. 대학원에서 맺어지는 교수와 학생 간의 끈끈한 관계가 나는 조금 불편했다. 대학원 수업은 교수가 핵심을 짚어주고 학생 혼자 깊게 파고드는 공부하는 형태로 진행된다. 내겐 보통 어려운 일이 아니었다. 십수 년간 주입식 교육만 받아오다가, 대학교 학부 시절과 차원이 다른 형태의 공부를 하게 됐으니 어려움을 느낀 게 어쩌면 당연했다. 학문에 대한 깊은 이해를 위해 밀도 있게 공부해야 알아들을까 말까 한 것이 대학원의 공부였던 셈이었다. 빠른 결과를 추구하는 나의 성향과 맞지 않았다. 그렇게 나는 1학기만에 아버지께 포기하겠다고 선언해 버린다. 아마 나를 포기하지 않았을까 싶을 정도로 아버지는 정말 쿨하게 "그래, 알았다."라는 말만 했을 뿐 이후 별다른 말은 없었다.

그때부터 내 인생에 지옥문이 열렸다. 아주 운이 좋게 7개월 정도 한 공공기관에서 인턴으로 일할 기회를 얻게 된 것을 제외하고 이후 행운의 여신은 나의 손을 들어주지 않았다. 50여 군데 넘게 지원했던 입사 원서는 줄줄이 탈락했고 면접 보러 오라고 손들어준 어느 회사 한 곳에서도 보기 좋게 탈락했다. 집에 머무르는 시간이 길어지다 보니, 조급한 마음도 들기 시작했다. '내일부터는 달라질 거야!'를 수도 없이 외쳤지만, 다음 날 아침이면 늦잠으로 무너져 버리기 일쑤였다. 이력서 쓴다는 핑계로 보낸 세월도 어느새 2년을 훌쩍 넘어버렸다.

그동안 한 살 터울의 내 동생은 졸업하자마자 내로라하는 공기업에 취업하게 된다. 나도 나지만 부모님께서 나를 얼마나 안타까워하셨을지 부모가 되어보니 이제 조금은 알 것 같다. 나는 서서히 고립되고 있었다. 그때 누군가 나의 손을 붙잡아 주지 않았더라면 아마 평생 방문을 걸어 잠그고 살지 않았을까 싶다. 맞다. 그 당시의 나는 침몰 직전이었다. 미국의 방송인이자 사업가로 명성을 떨친 지미딘은 "바람의 방향은 바꿀 수 없지만, 돛을 조정하여 항상 목적지에 도달할 수 있다."라는 말을 했다. 변화의 중요성을 강조한 이 말은 내 인생에 어떻게 나타났을까? 다행히 내 옆에는 아버지가 있었다. 내 인생의 멘토인 아버지의 말 한마디에 나는 인생 열차에 다시 한번 탑승할 용기를 냈다.

노량진,
내 인생의 탈출구

 암초에 부딪혀 침몰하는 타이타닉호처럼 나의 삶도 조금씩 기울어가기 시작했다. 취업을 너무 쉽게 생각했다. 미디어에서 그렇게 취업이 어렵다고들 하지만, 막상 내가 준비할 때는 나를 찾는 회사가 어딘가 하나쯤은 당연히 있을 것으로 생각했다. 하나 나는 그저 패기만 넘친 실력 없는 청년에 불과했다. 결국엔 운 좋은 사나이가 될 것이라는 말도 안 되는 망상에 사로잡혀 있을 뿐이었다. 2년의 세월을 훌쩍 흘려보낸 후, 공기업 취업이라는 새로운 목표를 잡았다. 대기업은 넘사벽이라 생각했고, 그들의 커리어에 발끝도 따라갈 수 없음을 시작 전부터 인정해 버린 나는 그래도 공정할 것 같고 누가 봐도 좀 멋져 보이는 공기업 취업 준비를 위해 염치 불고하고 다시 부모님께 손을 벌린다.

"아버지, 저 공기업 준비해 보려고 합니다. 혹시 학원 좀 보내줄 수 있으세요?"

"공무원 준비해."

"예? 공무원이요?"

"그래, 공무원 준비하는 게 좋겠다."

공무원은 이미 내게 꽤 익숙한 직업이었다. 어머니가 공무원 생활을 30년 넘게 하면서, 어릴 적부터 엄마의 회사 생활을 지켜봤으니 그럴 법도 했다. 종종 민원인을 상대하기 힘들다는 어머니의 하소연을 수백 번 들으며 자라왔던 내게 공무원은 기피 직업 1순위였다. 그도 그렇지만 내가 공무원이란 직업을 꺼린 이유는 사실 따로 있었다. 어마어마한 경쟁률과 언제 끝날지 모르는 공무원 수험 생활을 도저히 헤쳐 나갈 자신이 없었다. 시작은 누구나 할 수 있다지만, 탈출구는 찾기 힘든 공무원 수험 생활. 지금이야 모르겠지만, 2013년 그 당시만 해도 공무원은 꽤 인기 있는 직업이었다. 아버지는 아마 나보다 나를 더 잘 알고 있는 사람이었는지도 모르겠다. 30여 년 가까이 나를 옆에서 지켜보며 내가 어떤 성격이고, 어떻게 살아왔는지 너무나 잘 알고 있던 아버지였다. 겉만 번지르르하고 비교하는 삶을 살던 당시의 나와 다르게 아버지는 현실 감각이 있었고 실리를 챙기는 분이었다.

만 27살, 그렇게 공무원 수험의 세계에 발을 들였다. 사실 그때까지도 내가 부모님 앞에서 무엇을 하겠노라고, 어떤 꿈이 있다고 말할 수 있는 강단도 추진력도 없었다. 내세울 것이 없으니 부모님의 말을 따르는 게 누가 봐도 당연했다. 2013년, 동네 도서관에서 공무원 시험 준비를 시작했다. 공무원 시험 준비하며 나는 총 세 번의 시험을 치렀다. 시작한 지 석 달 만에 치른 첫해 시험에서는 여봐란듯이 당연히 탈락했고, 정신 차리고 공부한 두 번째 해 또한 전혀 아쉬운 것 없는 점수로 탈락의 쓴잔을 맛본다. 내가 수험생의 신분으로 머물러 있는 동안 나의 친구들은 하나둘 대기업 그리고 외국계 기업에 들어가며 나를 더욱 조급하게 만들었다. 여기에 나의 친동생은 졸업과 동시에 내로라하는 공기업에 취업하는 기염을 토하기까지 했으니, 자존감 밑바닥의 끝이 어디인지 당최 알 수가 없었다. 내 삶이 정말 초라해 보였다. 그리고 더 이상 물러날 곳도 없었다.

마지막 배수진을 치며 준비한 세 번째 공무원 시험의 결과는 어떻게 됐을까? 그렇게 '합격을 했습니다.'로 아름답게 끝이 났을까? 자신감 있게 풀 수 있는 문제가 많지 않았다. 채점을 해보니 다음 해를 기약하거나, 공무원을 포기하거나 둘 중 하나 선택해야 했다. 어느 누가 봐도 탈락이었다. 그저 탈락이라는 결과는 도저히 받아들일 수 없어 합격자 조회는 하지도 않았다.

공무원 시험을 준비한 첫해는 그렇다 쳐도 둘째, 셋째 해는 정말 내가 할 수 있는 최선을 다했다. 공무원 시험이 잔인한 이유는 조금 더 하면 될 것만 같은 막연한 희망이 정신을 갉아먹기 때문이다. 실패했을 때 떠안게 될 위험은 상상할 수 없을 정도로 깊다. 그런데도 부모님께 한 번만 더 기회를 달라고 부탁한다. 다음 해 수험서를 모조리 사고 내년 시험을 기약하며 여느 날과 같이 도서관에 들렀다. 그날 함께 공부하던 형 하나가 내게 이렇게 물었다.

"시험 결과 확인했어?"
"아뇨, 어차피 탈락인데요. 안 해봤어요."
"아쉬워도 결과는 확인해 봐야 깔끔하게 다음 해 시험을 준비할 수 있어."
"그런가요?"

이 말을 듣고 나는 속는 셈 치고 시험 결과를 확인했다. 결과는 대반전이었다. 1차 합격이었다. 온 우주의 기운이 나에게 집중되는 날이었다. 만약, 그날 내가 결과를 확인하지 않았더라면 지금 나는 아마 전혀 다른 삶을 살고 있지 않을까 싶다. 과연 사랑하는 아내와 딸아이를 만날 수 있었을까? 당일 부리나케 자기소개서를 등록하고 인·적성 검사까지 마친 후 드디어 대망의 면접을 앞둔다. 그리고 지푸라기를 잡는 심정으로 노량진 공무원 면접 학원의 문을 두드리게 된다.

 공무원 시험을 준비하면서 단 한 번도 가보지 않았던 노량진이었다. 정확히 말하면 일부러 가지 않았다. 혹시나 '기가 눌릴까 봐, 움츠러들까 봐'라는 어이없는 이유 때문이었다. 지하철 1호선에 몸을 싣고 난생처음 노량진으로 향했다. 공무원 시험을 준비하며 무려 3년 만에 밟게 된 노량진. 합격이라는 부푼 꿈을 안고 노량진역에 첫발을 내디뎠다. 상상만 하던 노량진의 모습은 과연 어땠을까? 노량진역에 하차해 육교를 건너면 공무원 학원들이 즐비해 있다. 마치 여기가 최고라며 손짓하는 것 같다. 활기차 보이지만 동시에 알 수 없는 적막한 느낌이 공존하는 노량진. 사람들의 염원이 이곳보다 강렬하게 담긴 동네가 또 어디 있을까 싶다. 한 달이 채

안 되는 기간, 지하철 1호선을 타고 노량진을 다니며 매일 간절하게 기도했다. 이번이 마지막이길 그리고 노량진역에서 웃으며 떠날 수 있길 바랐다.

 대망의 면접 날이 다가왔다. 면접은 내 인생의 사활을 건 마지막 승부였다. 시험 점수도 합격선에 근접해 간당간당한 상태였기에 이를 만회할 수 있는 건 오로지 면접뿐이었다. 콩닥거리는 마음을 들킬까 봐 일부러 더욱 큰 목소리로 면접관의 질문에 답했던 기억이 난다. 장교 출신이냐는 웃지 못한 질문도 받을 정도였으니 패기만큼은 꽤 인정받을 만한 면접이었다. 하늘이 내 지극한 기도와 정성에 감동했을까? 무려 5년간 이어지던 처절하고 어두웠던 백수 생활을 드디어 청산하게 됐다. 합격이었다. 그토록 꿈에 그리던 직장인이 된 순간이었다. 그럼, 직장인의 삶은 과연 어땠을까? 과연 평탄하기만 했을까? 다음 이야기로 이어가 보려 한다.

낯선 역

익숙한 역이 아닌
낯선 역에 내리게 됐습니다.

장소 하나 바뀌었는데
왜 모든 게 달라 보일까요.

새로운 거리를 배경 삼아
한 걸음 한 걸음 걸어봅니다.

출근길 커피 하나가
그날의 긴장감을 쉬이
덜어낼 수 있었을까요?

지하철역이 하나 바뀌었을 뿐인데
모든 게 바뀌었습니다.

낯선 지하철역은
새로운 삶을 시작하는
의미인지도 모르겠습니다.

지하철 타고
출근합니다

 2012년에 대학을 졸업한 나는 그로부터 무려 다섯 해가 지난 2016년이 되어서야 직장인으로서 사회에 첫발을 내디딘다. 제아무리 힘들었던 순간도 목표를 달성하고 나면 어느 정도 미화가 된다고 한다. 당연히 나도 그랬다. 왜 나에게 이런 시련이 있는 것이냐고 하늘에 되물었던 날도 있었다. 쉬이 가라앉지 마음에 밤잠이 오지 않는 날에는 뜬눈으로 밤을 지새우곤 했다. 합격이라는 두 글자는 이 모든 것을 눈 녹듯이 사라지게 만드는 마법 같은 힘을 지니고 있었다. 하루 10시간 넘게 도서관에 엉덩이를 붙이고 공부하던 기억은 이제 어느 내 젊은 날의 열정을 불태웠던 추억 하나로 남게 됐다.

 첫 출근날이 다가왔다. 뜬눈으로 밤을 새운 지난밤을 뒤로

하고, 부모님께 감사의 인사를 전하며 설레는 마음을 담뿍 담아 내 인생 첫 출근길에 올랐다. 어느 드라마에서 봤을 법한 장면 하나가 있다. 말끔하게 정장을 차려입은 직장인들이 사원증을 목에 걸고 이른 아침 지하철에 몸을 싣고 출근길에 오르는 장면. 딱 이런 모습으로 지하철에 오르는 게 내 꿈이었다. 그리고 그 꿈은 그날 현실이 됐다.

내 인생 첫 근무지는 서울이었다. 직장까지는 지하철을 타고도 1시간 이상을 가야 하는 거리. 마냥 즐거웠다. 통풍도 안 되는 가죽 구두를 신고 한참을 서 있는 동안 콧노래가 절로 나왔고 환승을 위해 이동하는 발걸음 또한 가볍기 그지없었다. 설레는 마음을 한껏 안고 내 인생 첫 근무지가 될 서울의 한 지하철역에 하차했다. 내가 공무원 생활을 시작한 곳은 번화한 상가들 한가운데 위치한 동사무소였다. 원룸이 즐비하고, 상점이 빽빽이 들어선 동네의 낯선 길을 걷다 보니 어느덧 그곳에 발길이 닿았다. 붉은 벽돌이 세월을 말해주는 듯한 허름한 동사무소의 외관에 잠시 놀랐지만, 정신을 부여잡고 민원실로 발걸음을 옮겼다.

"안녕하세요. 이번에 신규 발령받은 김호종입니다."

"아 그래요? 이쪽으로 오세요."

 직원들과 간단히 인사를 나누고 동장과 짧은 대화를 나눴다. 그러고 나서 무얼 했을까? 바로 민원 업무에 투입됐다. '이렇게나 빨리? 정말 급하긴 급했었나 보다.'라는 생각이 들었다. 내가 공무원이 되어 처음 다루어본 업무는 등본과 초본 그리고 가족관계증명서를 떼주는 민원 창구의 업무였다. 내 공무원 생활의 첫 시작이었다. 회사에서 누구나 가기 싫어하는 유배지 같은 부서가 있다. 내가 배치받은 부서는 바로 그런 곳 중 하나였다. 사실 이는 내게 그리 중요하진 않았다. 그저 어느 회사에 소속되어 일할 기회를 얻게 된 것에 감사했으니 말이다. 쉴 새 없는 민원에 바람 잘 날 없는 하루였지만, 이 모든 일상이 그저 감사했다.

 이후 민원 창구에서 내리 6개월을 보낸 나는 하반기에 동사무소에서 흔히 '뒷다이'라고 불리는 곳으로 이동해 '청소 행정'이라는 새로운 업무를 맡게 된다. 자, 본인이 청소 업무를 맡게 됐다고 생각해 보자. 느낌이 어떨 것 같은가? 나도 여러분의 생각과 같다. 나도 처음에는 청소 업무가 너무 싫었다. 무단투기 과태료를 받은 민원인들이 성을 내며 찾아오는 모습을 매일 같이 보았던 내가 이제 그 업무들을 처리해야 한다는 생각에 골머리가 아팠다. '청소하려고 공무원에 들어온 건 아닌데….'라는 푸념도 한데 섞였음은 물론이다. 입사 전에는 청소는 당연히 환경미화원의 업무인 줄 알았다. 하지만, 그 이면에는 동사무소의 어느 직원도 함께 있었다. 지자체마다 조금씩 다르겠지만 내가 속한 자치구에서는 대로변의 쓰레기는 환경미화원이 도맡고, 골목길 이면도로와 같은 곳은 주로 동사무소 청소 담당 직원이 직접 공공 근로자들과 함께 환경 정비를 하는 형태로 운영되고 있다.

   내가 일했던 동사무소는 유흥가 주변에 자리 잡고 있어 누가 봐도 정말 더럽기 그지없었다. 답이 없었다는 표현이 더 정확할는지도 모르겠다. 특히, 주말을 보내고 맞이하는 월요일 아침 풍경은 정말이지 가관이었다. 매일 관용차를 타고 다니며 동네를 순찰하고, 더러운 곳을 청소하고 관용차 뒤에 온갖 쓰레기를 산더미처럼 쌓아 쓰레기 적환장에 갖다 버렸다. 어느 순간부터는 내가 공무원인지 환경미화원인지 구분이 안 될 정도였다. 하루 내 청소를 마치고 사무실로 복귀하면 시큼한 쓰레기 냄새가 내 온몸을 뒤덮었다. 나중에는 청소 작업용 워커도 하나 가져다 놓고, 책상 위에 방향제 하나를 고이 모셔두고 뿌려주곤 했다. 그럼, 시도 때도 없이 떨어지는 문서 작업은 주로 언제 했을까? 언제 현장 민원을 나갈지 모르는 일이니 틈나는 대로 처리했다. 제때 처리를 안 하면 업무는 항상 배가 돼서 돌아왔다. 무단투기자가 유독 많은 동네였기도 하고 제출하라는 공문도 정말 많아 초과근무를 할 수밖에 없는 웃픈 사연도 있었다.

 지하철을 타고 집에 돌아오면 늦은 밤이 되기 일쑤였다. 집으로 돌아오는 길 항상 '나중에 더 큰 자산으로 돌아오겠지.'라는 말을 되뇌었다. 결론적으로 현장에서 냄새나는 쓰레기를 치우던 경험과 늦은 밤까지 이어진 야근은 이전보다 나를 더욱 성숙한 직장인으로 만들었다. 일터는 삶의 무게와 의미가 맞닿는 곳이다. 오늘도 포기하지 않고 묵묵히 살아낸 여러분에게 진심 어린 위로를 전한다. 지금 여러분의 노력은 절대 헛되지 않음을 기억하자. 그 시절 쓰레기 냄새 풀풀 풍기던 공무원 하나가 지하철 어느 한 칸에 있었다. 지하철은 그날의 나를 기억하고 있을까?

그토록 고대했던 직장인 생활, 쉬운 일은 하나 없었다

수원행 7000번 심야버스

입사 후 한동안 야근이 잦았다. 사회 초년생인 내가 문서를 접수하고 처리하는 방법이 미숙했으니 그럴 수밖에 없었다. 선배들이 한두 번 알려준 것을 단번에 알 리가 만무했다. 꼼꼼한 성격 덕분에 업무 처리하는 속도는 더디기만 했고, 다른 한편으로는 일머리도 없어 하나를 배우면 딱 하나만 아는 그런 유형의 사람이었던 탓도 있었다. 그런 이유로 유독 다른 직원들보다 퇴근 시간이 늦었다. 겁많은 성격도 한몫했다. 보고하면 '팀장이나 동장이 뭐라고 하진 않을까? 왜 이렇게 업무를 처리했냐고 되묻진 않을까?' 하며 흘려보낸 시간만 해도 엄청날 테다. 지금은 어떨까? 어느 정도 틀을 만들면 일단 보고부터 한다. 어차피 수정하게 되어있으니까. 한 번에 통과하는 계획서는 세상 어디에도 없다.

공무원 첫해, 나의 퇴근은 보통 오후 9시, 행여 조금 늦다 싶으면 오후 10시 정도에 이루어졌다. 이런 야근을 주중 사나흘은 했다. 사회 초년생으로 직장인이라는 만족감 그리고 충성심 또한 극에 달했으니 큰 무리는 없었다. 저녁을 먹지 않고 일하는 날도 부지기수였다. 뭐가 그렇게 중요했는지, 당시에는 내 일상의 모든 중심이 일이었다. 상위 기관만큼 업무의 깊이가 깊지 않고, 그저 단순하고 빠르게 처리만 하면 되는 일이었건만 그때는 정말 몰랐다. 사회 초년생이었던 여러분의 모습은 어땠을지 정말이지 궁금하다.

지하철이 집에서 가까워 주로 지하철을 이용해 출퇴근했다. 나의 발이 되어주었던 노란색 수인 분당선. 망포역에서 탑승해 신분당선 정자역을 거쳐 다시 2호선 강남역으로 환승에 환승을 거듭하는 여정. 버스보다 지하철이 편했다. 항상 정확한 시간에 도착하는 지하철이 마음에 쏙 들었다. 아침마다 장운동이 활발했던 터라 어느 역에서든 내려 해결할 수 있다는 심리적인 안정감도 지하철을 더욱 선호하게 된 이유 중 하나겠다.

하나, 간혹 큰 행사를 준비하거나 업무가 유독 많아 늦게까지 야근하는 날에는 버스가 퇴근길의 발이 돼주곤 했다. 자정이 넘는 시간까지 운행하는 빨간색 광역 버스 덕분에 마음 편히 사무실에 머무를 수 있었다. 수원 사람들이 서울에서 광역 버스를 자주 타는 몇몇 장소가 있다. 그중 하나가 사당역이다. 이곳에는 각기 다른 사연을 지닌 사람들이 봄바람이 살랑거리는 어느 날에도, 코끝이 찡하게 추운 겨울에도 각자의 목적지로 향하기 위해 한데 모인다. 책상에 가득 쌓인 업무를 처리하느라, 오랜만에 지인을 만나 회포를 푸느라, 지하철이 끊겨 심야 광역 버스에 탑승하느라, 아마 저마다 사연이 있었을 것이다.

퇴근길, 나의 발이 되어준 7000번 버스를 사당역에서 참 많이도 탔다. 오후 10시 전후로 버스를 타면 자리가 여유로웠다. 주로 버스 맨 뒷자리에 앉는 편이었는데, 그 자리가 유독 내게 편안함을 선사했다. 버스 맨 뒷자리에 앉으면 하루 내 회사에 머무르며 움켜잡았던 긴장의 끈이 풀리는 것 같았다. 당시 나는 버스에 앉아서 업무 생각을 참 많이도 했다. 지금 생각해 보면 '왜 그렇게까지 했어.'라는 말을 그 당시의 내게 전하고 싶을 정도다. 어쨌든, 당시 회사 일을 해낼 수 있었던 건 먼 거리에서 출퇴근하는 나를 위해 기꺼이 발이 되어준 광역 버스 덕분이었다.

 7000번 버스를 타고 과천을 지나 의왕을 거쳐 수원으로 진입하면 한결 더 마음이 홀가분했다. 그런 나를 집주변 동네 어딘가에 내려주며 버스는 내게 이렇게 말하지 않았을까 싶다. "오늘 하루 정말 수고 많았어. 오늘의 노력이 훗날 너를 더욱 빛나게 만들어줄 거야. 일이 잘 풀릴 때도 있고, 그저 그럴 때도 있지만 그 조각들이 모여 꽤 괜찮은 결과물을 만들어낼 거라는 걸 의심하지 않았으면 해. 너의 삶을 응원해." 라고 말이다. 그렇게 믿어보려 한다.

 30대 초반 혹은 지금보다 더욱더 젊은 날, 버스에서 보냈던 순간을 기억해 보자. 벅차오르는 사회 초년생의 꿈을 키워가던 추억이 문득 떠오르지 않는가? 그날의 야근이 분명 성장을 이끌 것이라 입으로 되뇌던 여러분의 모습도 기억날 것이다. 그 짧은 되뇜 덕분에 현재의 우리는 이렇게 멋지게 살아가고 있다. 버스 또는 지하철을 타며 하루의 시작과 끝을 알리는 우리네 직장인들에게 하고 싶은 말이 있다. "이 안에서 당신의 꿈은 여전히 무럭무럭 성장하고 있다. 힘내자." 이와 함께 우리네 발이 되어주는 지하철 그리고 버스는 다음과 같이 말하고 있을는지도 모르겠다. "오늘도 수고 많았어!"

파마하느라 지각한
9급 공무원

    지방 공무원이라면 절대 피해 갈 수 없는 국가 사무가 하나 있다. 바로 선거 업무다. 5년마다 치러지는 대통령 선거, 4년마다 돌아오는 국회의원 선거, 마지막으로 기초 자치 단체장과 의원을 뽑는 지방 선거까지 총 세 개의 선거 사무가 각기 다른 해에 진행된다. 이 시즌이 되면 지방 자치 단체는 시 · 군 · 구청, 동사무소 가릴 것 없이 굉장히 분주해진다. 한 나라의 대통령, 국회의원 그리고 지방 자치 단체의 장 그리고 의원을 선출하는 중요한 업무이니만큼 바쁠 수밖에 없다.

    선거 업무는 다음과 같이 흘러간다. 선거관리위원회의 안내에 따라 시 · 군 · 구청의 한 부서는 선거 업무를 총괄한다. 동사무소는 시 · 군 · 구청으로부터 전달받은 사항을 토대로 현장에서 선거 업무를 현장에서 직접 수행하는 임무를 맡는다. 참고로 나는 공무원 입사 첫해에 제20대 국회의원 선거에 사무원으로 참여했었다. 소중한 국민의 한 표를 정확하고 투명한 결과로 인도하기 위해 지방 공무원은 최선의 노력을 기울인다. 투표자들의 명부를 작성하고, 후보자들의 선거 포스터를 곳곳에 부착하며, 후보자의 이력과 공약이 담긴 공보물을 만드는 작업 등 선거 당일까지 정말 다양한 선거 업무를 수행한다. 선거가 종료되기 전까지 절대 긴장의 끈을 놓을 수 없다.

흥미로운 이야기를 하나 해보려 한다. 선거 공보물, 혹시 어떻게 만들어지는지 알고 있을까? 곰 인형에 눈을 붙이듯 사람의 손을 타 한 부 한 부 탄생한다. 책상을 길게 늘어뜨리고 후보자의 공보물을 올려두면 사람이 공보물 한 장 한 장을 차곡차곡 쌓아 한 부의 공보물이 만들어진다. 정말 단순 노동의 끝이라고 볼 수 있다. 사람이 하는 일이기에 아주 가끔 후보자의 공보물이 빠지는 일도 있다. 절대 일부러 그러는 일은 아니니 양해를 구한다. 선거 공보물 작업은 아침 일찍부터 시작해 저녁 늦게까지 진행되기도 하고 공보물의 양이 많은 경우 전날 또는 다음 날까지 작업하기도 한다. 선거 업무는 정말 만만치 않은 업무다.

 공무원 2년 차, 제19대 대통령 선거가 있었다. 입사 후 두 번째 경험하는 선거 사무였다. 선거 업무를 한 번 해본 경험이 있기에 과정이 어떻게 흘러가는지 대략적으로는 알고 있었다. 어느덧, 선서 공보물 작업 전날 밤이 찾아왔다.

 "내일 아침 일찍부터 공보물 작업이 있으니까, 직원분들은 일찍 일찍 들어가세요. 작업은 아침 9시부터 시작합니다."
 "네. 알겠습니다."

 선거 업무를 총괄하는 서무 주임의 말에 하나둘 직원이 자리를 떠났다. 나도 곧 그 대열에 합류했다. 퇴근 후 미용실에 들렀다. 한동안 미뤄두었던 파마를 하기 위해서였다. 지금에야 만 원짜리 동네 미용실을 다니는 아저씨라지만 그 당시에는 머리 스타일에 관심 많은 청년이었다. 장시간 미용실에 머무른 지루함에 대한 보답이라도 하듯 파마는 생각 이상으로 잘 나왔다. 만족스러웠다. 파마가 어설프다고 사람들이 수군거리지도 않을 것 같았다. 하루 정도 머리를 감지 말라는 디자이너의 말을 듣고 집으로 돌아와 샤워 후 잠자리에 들었다. 다음 날 아침이 됐다. 눈을 떠보니 따사로운 햇살이 창문을 투영해 내 몸 전체를 비추고 있었다. '이제 일어나야지.' 눈을 비비며 핸드폰을 보고 나는 내 눈을 의심했다. 시계는 오전 10시를 가리키고 있었다. 부재중 전화는 수십 개가 찍혀 있었다. 눈을 부릅뜨고 전화를 걸었다.

"아. 주임님. 죄송합니다. 늦잠 잤네요. 정말 죄송합니다. 지금 바로 가겠습니다."
"아이고. 그래요. 얼른 와요."

군대 다녀온 이후로 세안과 환복을 그렇게나 빠르게 마쳐본 적은 없었다. 입사한 지 2년도 채 안 된 녀석이 중요한 선거 사무에 그것도 바빠 죽겠을 공보물 작업 날에 늦잠이라니 내가 봐도 한심했다. 지하철을 타고 부리나케 사무실로 달려갔다. 도착하니 시간은 오전 11시 반을 넘겨 점심을 앞두고 있었다. 모두 열심히 선거 공보물 작업하고 있었다. 날은 날이었던 게, 당일 직원 격려차 들른 동장도 직원들과 함께 공보물 작업을 하고 있었다.

동장에게 죄송하다는 말을 전하고 쭈구리처럼 있던 찰나

한 주임이 말했다.

"김 주임. 파마하느라 늦은 거야?" 직원들이 킥킥대는 웃음소리가 들렸다.
"네? 아닙니다. 죄송합니다."

호탕하게 웃으며 선배 주임이 말했다.

"그래도 파마는 잘 나왔네? 남은 시간, 두 배로 열심히 작업해 줘!"
"네. 알겠습니다."

파마하느라 늦었냐는 그의 말에 쥐구멍에라도 숨고 싶었다. 한 사람의 손이라도 더 필요한 날에 왜 그런 실수를 저질렀는지 다시 생각해도 아찔하다. 다행히 선거 공보물 작업은 하루 만에 끝이 났다. 나의 파마 사건도 그 이후 사람들의 입에 오르내리지 않았다. 내 공무원 생활 중에 기억에 남을 에피소드가 될 파마 사건. 딱딱한 우리네 회사 생활에서 '실수하는 사람 덕분에 조금은 사람 냄새가 나는 것 아닐까?'라고 미화해보련다. 그 어느 날, 파마하느라 지각한 공무원이 지하철에서 제 발 저리고 있었다. 그날 일을 지하철도 기억하고 있을까.

지방 공무원의 현장 스케치

선거 업무 시 지방 공무원의 역할은 중요합니다. 주민등록 자료를 기반으로 선거인 명부를 작성하고 투표소 설치 운영 그리고 선거 개표까지 선거 운영의 실무를 책임지고 있다고 해도 과언이 아니죠. 한 번의 선거를 위해 지방 공무원은 최소 한 달 이상의 시간을 선거 업무에 투입합니다. 여기서 중요한 건 본업도 함께 병행된다는 사실입니다. 피로감이 상당하겠죠? 지방 공무원은 선거의 실질적인 운영을 책임지고 있는 숨은 주역입니다. 선거의 더 높은 신뢰성과 투명성 재고를 위해, 지방 공무원의 역할은 앞으로도 계속될 것입니다.

파마하느라 지각했던 신입은 어느새 10년 차 공무원이 되었다

아버지에게 보낸
문자메시지

 읍·면·동마다 가지고 있는 지역 특성이 있다. 이는 동사무소의 업무와도 밀접한 관련이 있는데, 예를 들어 언덕이 많고 가파른 지역은 겨울에는 제설, 여름엔 호우에 꽤 민감하고, 원룸이 많은 지역이라면 전입 관련 업무가 유독 많다. 그럼 입사 때부터 내리 2년 6개월을 보낸 동사무소는 어떤 특색이 있었을까? 장사하는 사람이 많아 상점과 유흥가가 즐비한 곳, 그리고 빽빽한 원룸 또한 즐비한 곳이 바로 내가 근무한 동사무소였다.

 유난히 청소 관련 민원이 많았다. 금요일 밤부터 휘황찬란한 유흥가의 불이 켜지고 시끌벅적한 주말을 보낸 월요일 아침의 출근길은 진풍경이었다. 인도에는 담배꽁초가 즐비하고 주말 내 골목길 곳곳에 쌓인 냄새 나는 쓰레기봉투들은 진풍경을 만들어냈다. 출근만 하면 청소 관련 민원 전화가 줄을 이었다.

"왜 아직도 쓰레기 수거 안 해가요?"
"여기 더러워 죽겠어요. 좀 치워주세요."
"누가 여기 쓰레기 무단투기하고 갔어요. 내가 CCTV 갖고 있어요. 그놈 잡아주세요."

쓰레기 수거는 업체에서 하는 것이고 분명 그들은 쓰레기봉투를 정해진 시간에 내놓지 않았다. CCTV 영상은 마음대로 열람할 수 없고, 설령 자료를 구한다고 해도 어느 한 사람을 특정하기란 쉽지 않다. 심지어 지방 공무원은 수사권도 없다. 내가 할 수 있는 일이라곤 그저 쓰레기를 치워주거나 재수 좋게 쓰레기봉투에서 특정할 수 있는 개인정보를 찾게 되면 과태료 사전 통지서를 보내는 게 당시 내가 할 수 있는 일의 전부였다.

이런 곳에서 청소 업무를 무려 2년이나 했다. 해당 동에서 근무한다고 하면 "고생하네."라는 말을 많이 듣기도 했을 정도니 그 지역의 청소 업무가 어땠을지 어느 정도 가늠이 되리라 생각한다. 심지어 주말에도 시도 때도 없이 문자를 보내오는 친절한 민원 시스템 덕분에 내 머리는 지끈거릴 정도였다. 이 업무의 최고봉은 단연 쓰레기 무단투기자에게 과태료를 부과하는 일이었다. 무단투기 단속원이라 불리는 공공근로자들이 단속 자료를 보내오면 이를 근거로 무단투기 과태료 사전 통지서를 보냈다. 못 내겠다고 아우성치는 그들을 달래고 때론 싸우기도 하면서 스트레스는 극에 달했다. 그 당시에는 동사무소별로 누가 누가 과태료를 많이 부과했는지 서열을 매기는 촌극이 벌어지기도 했으니, 나를 포함한 동사무소의 청소 담당들은 꽤 골머리를 썩였을 것이다. 다행스럽게도 현재는 그러한 행정은 진행되고 있지 않다.

공무원 3년 차에 접어들 무렵은 정말 힘에 부쳤다. 하루가 멀다고 들어오는 수십 건의 쓰레기 민원 전화에 과태료 못 내겠다는 민원인들과 사투를 벌인 덕분에 동네에 쌓여가는 쓰레기만큼이나 내 스트레스도 쌓여갔다. 그런 어느 날의 퇴근길, 아버지가 생각났다. '도대체 아버지는 어떤 삶을 살아온 거지?' 어린 시절, 아침 출근길에 '안녕히 다녀오세요.' 그리고 밤늦은 귀가에 '다녀오셨어요.'가 끝이었으니 내가 아버지의 회사 생활을 알 리가 만무했다. 퇴직 후 한참이 지난 지금에야 가끔 소싯적 고된 회사 이야기를 풀어놓는 아버지라지만 여전히 그 당시 아버지가 겪은 회사의 부침을 속속들이 알 수는 없다. 아버지와 나는 데면데면한 사이였다. 서로 대화가 없는 편이었고 대화를 한다 해도 그리 긴 시간을 요구하는 일도 아니었다. 언젠가 아버지는 내가 '당신을 무시하는 것 같다.'라는 말을 한 적도 있었으니 이쯤이면 말은 다 했다. 그런 내가 한밤중 퇴근길 버스 안에서 아버지에게 문자를 보냈다. 썼다 지우기를 반복하며 보낼까 말까를 한참이나 고민하다 결국 보내기 버튼을 눌렀다. 나는 대체 뭐라고 적었을까?

'아버지. 어떤 인생을 살아오신 건가요? 막상 사회에 나와보니, 아버지가 가족을 위해 30여 년의 세월을 어떻게 살아오셨을지 조금 가늠이 되는 것 같습니다. 아버지 정말 존경합니다.'

오글거리지만 사실이었다. 한참이 지나도 답장은 오지 않았다. 그날 아버지는 결국 내게 답장을 보내지 않았다. 원래부터 답장을 잘 안 보냈던 분이기도 하니 그러려니 했다. 그래도 궁금했다. 아버지는 그날 밤 내가 보낸 문자를 확인했을까? 아니면 어떤 답장을 보내야 할지 한참을 고민했던 걸까? 아니면 기억조차 하지 못하는 걸까? 사실 아버지가 이를 기억하지 못하더라도 상관없다. 내 기억에 평생 머무를 테니 말이다.

우리네 부모님은 우리보다 더욱 치열한 삶을 살아왔을 테다. 주 6일 출근은 당연하고, 불합리한 관행은 지금보다 훨씬 더 판을 쳤을 것이다. 그 모든 수모를 감내하고 오롯이 가족을 위해 애써온 그들의 모습은 진정 존경받아야 마땅하겠다. 자식을 아끼는 마음만큼은 더도 말고 덜도 말고 딱 부모님만큼 되고 싶다. 미래를 그려본다. 딸아이도 사회생활을 하며 내게 이렇게 묻는 날이 한번은 오려나 싶다. 그럼 나는 딸아이에게 어떤 대답을 가장 아빠답게 할 수 있을까? 무척이나 고민될 듯하다. 어느 늦은 밤, 못난 자식놈 하나가 아버지에게 문자를 보냈다.

퇴근길, 못난 자식은 아버지에게 문자를 보냈다

지하철 한구석,
욕받이 공무원

 공무원이라는 직업을 갖게 되면서 세상에 정말 다양한 사람이 있다는 것을 알게 됐다. 한 동네에서 수십 년을 살았어도 동사무소에 들를 일은 손에 꼽았던 내가 하루에도 수백 명이 드나드는 동사무소에 근무하게 된 이후 진짜 별의별 사람들을 다 만났다. 신분증을 가져오지 않고 일방적으로 서류를 떼 달라는 사람은 양반이고 술에 거나하게 취해 사무실로 들어와 먹을 것을 달라는 사람 등 그들이 세운 기준에 따라 특별하게 살아가는 이들의 모습에 애석함을 느끼곤 했다. 물론, 대부분은 사람은 정말 상식적이다.

 공무원 그리고 민원인이라는 관계를 떠나 사람 간에 대화한다는 느낌을 받을 땐 그렇게나 기분 좋을 수 없다. 참고로 나는 사람 냄새를 풍기는 민원인일수록 그들에게 더욱더 진심을 담은 민원 서비스를 제공한다. 왜일까. 그들의 상식적이고 배려하는 모습에 나 또한 자연스레 마음이 열리기 때문이다. 나도 사람인지라 말투가 꼬일 대로 꼬인 사람이라든지 버럭버럭 화만 내는 사람들에게 정성 어린 민원 서비스를 제공하기는 쉽지 않다. 겁을 주는데 일 처리가 잘 될 리가 있겠는가? 처음에는 그들의 횡포에 겁을 먹었다. '이렇게 되면 어쩌지?' 전전긍긍하던 시절이 있었다. 세월이 흐르니 막무가내 같은 민원도 이제 어느 정도 덤덤해졌다.

동사무소에서 청소 행정 업무를 꽤 오래 했다. 청소 행정이라는 단어가 그럴싸해 보이지만 실상은 조금 복잡하다. 문서 처리도 하지만 직접 관용차를 타고 다니며 동네 쓰레기를 치워주기도 해야 한다. 거기에 다양한 잡무도 얽혀있다. 수많은 일 가운데 내가 꺼리는 업무가 딱 하나 있었다. 바로 쓰레기 무단투기자에게 과태료를 부과하는 업무였다. 어떨 것 같은가? 투기자에게 과태료 사전 통지서를 보내면 그들이 "네네, 그럼요." 하면서 쉽게 과태료를 낼까? 그럴 리 없다. 운전 중 의도치 않게 과속하거나 신호를 무시해 단속에 걸렸다고 가정해 보자. 처음 드는 생각은 무엇인가? '아니, 대체 왜?라는 생각부터 드는 게 인지상정이다. 과태료를 바로 납부하는 사람은 정말 손에 꼽는다. 내 업무도 똑같았다. 과태료 사전 통지서를 보내면 대부분은 십중팔구 전화를 걸어와 이런 말을 내게 뱉곤 했다.

"제가 왜 과태료 내야 하죠?"
"저 과태료 못 내요."
"제가 버린 거 아니에요. 다른 증거 보여주세요."

사람에게 말 한마디 제대로 못 붙이는 소심한 9급 공무원은 어떻게 대응했을까? 그저 그들의 말을 가만히 듣기만 했다. 그러던 어느 날, 그 사건이 벌어진다. 쉴 새 없이 울려대는 사무실 전화벨 소리에 수화기를 들었다.

"감사합니다. 동사무소입니다."
"너 뭐야. 내가 무슨 과태료야?"
"과태료 사전 통지서 받으셨나요?"
"내가 왜 과태료를 내야 하냐고."
"아. 선생님. 아직 과태료가 나온 건 아닙니다."

내 말이 채 끝나기도 전에 그가 답했다.

"너, 딱 기다려." 뚝.

내가 경험한 특별한 사람들은 항상 그래왔다. 내 말은 끝까지 듣지도 않고, 계속 자기 말만 하다가 화를 내곤 했다. 아마 이 부분은 내가 평생 해결할 수 없는 숙제가 될 듯하다. 얼마 후, 아저씨 하나가 손에 쓰레기봉투를 들고 와서 큰소리를 쳤다.

"나한테 과태료 부과한 애. 누구야. 나와."

순식간에 동사무소 분위기는 싸늘해졌다. 이럴 때, 필요한 건 무엇일까? 맞서 싸우는 게 능사일까? 아니다. 민원을 달래는 게 가장 최우선이다.

"선생님, 나가서 말씀하시죠."
"나가긴 뭘 나가, 나 과태료 절대 못 내. 안 그래도 요즘 장사 안 돼 죽겠는데, 여기에 쓰레기봉투 다 찢어버릴까?"
"아직 과태료 부과된 거 아니에요. 나가서 말씀하세요."

다소 흥분한 민원인을 달래 밖으로 나왔다. 과태료는 아직 확정된 것이 아니며, 의견을 진술하면 적극적으로 반영해 주겠다고 그에게 답했다. 내 나름의 상세한 설명에 설득력이 있었던 건지 아니면 그저 운이 좋았던 건지 다행스럽게 그는 내 제안을 받아들였다. 나는 그를 과태료에서 면제해 줬을까? 아니다. 내가 할 수 있는 최선의 감경 사유를 달아서 금액을 최대한 깎아주는 것으로 마무리 짓는다. 이따금 이런 민원인이 찾아왔다. 과태료를 수시로 부과해야 하는 업무는 정말 부담스러웠다. 자기 돈 내라는데 좋아할 사람은 세상 어디에도 없다. 그 어느 날, 민원인에게 욕을 한 바가지 먹는 날에는 버스 또는 지하철에서 넋을 놓곤 했다. 나는 이를 불명, 물명도 아닌 욕명이라 일컫는다.

겉으로 보기에 별거 없어 보이는 공무원의 업무는 사실 속을 들여다보면 그렇지만도 않다. 법에 근거해 업무를 보는 우리네 공무원의 특성상, 법을 제대로 해석할 줄 아는 능력을 갖추기 위해 부단히 애쓴다. 더불어 민원인의 문제를 최대한 마찰 없이 해결하기 위해 고민하고 궁리한다. 공무원 대부분은 민원인을 최대한 배려한다. 그렇게 하는 것이 공무원에게나 민원인에게나 서로 이득이기 때문이다. 이리 보고 저리 봐도 도저히 답이 안 나오는 경우, 어쩔 수 없이 과태료 등을 요구하는 것이니 공무원의 마음을 아주 조금이라도 이해해 주길 바란다. 중국의 춘추시대 사상가 공자도 '타인을 위한 배려는 좋은 삶, 좋은 사회의 기본이다.'라고 말하지 않았던가? 공무원이 민원인을 존중하는 만큼 민원인도 공무원을 조금 더 존중해주는 세상이 오길 바라본다. 공무원들도 사람이니까. 눈물이 많지 않다. 성년 이후 대성통곡해본 건 할머니 돌아가실 때 정도였다. 그런 나도 민원인에게 욕을 한 바가지 먹고 귀가하는 날은 정말 많은 눈물을 흘렸다. 억울하고 서글펐던 어느 날, 지하철 한구석에 몸을 실은 공무원 하나가 있었다.

지방 공무원의 현장 스케치

혹시 쓰레기 무단투기 과태료 사전통지서 받아보신 적 있으신가요? 놀라셨겠습니다. 하나, 걱정은 마세요. 과태료는 바로 부과되는 일은 없으니까요. 과태료는 「질서위반행위규제법」에 따라 절차대로 진행됩니다. 과태료 부과 전에는 반드시 사전 통지를 하게 되어있습니다. 부과 전 의견을 듣는 절차죠. 10일 이상의 진술 기간을 부여하고, 의견이 타당하면 부과되지 않을 수도 있습니다. 충분히 살펴보시고 의견이 있다면 꼭 제출하세요. 감경 사유가 있을지도 모르는 일이니까요.

또 다른 삶으로
환승할 시간

세상을 홀로 살다 멋진 사람을 만나게 됐다.
둘이 되어, 보다 멋진 삶을 살아갈 기회를 마련했다.

봉천역에
사랑 걸렸네

　입사 후 첫 근무지인 동사무소에서 지금의 아내를 만났다. 나보다 6개월 늦게 입사한 그녀는 인상적인 사람이었다. 아담한 체구를 지닌 그녀의 입가엔 웃음이 떠나는 일이 없었고, 민원인들에게도 항상 예의가 발랐다. 애초에 나와는 결이 다른 사람이었달까. 자연스레 그녀를 관찰하는 시간이 많아졌다. 사회복지직인 그녀는 매사 업무에 진취적인 사람이었다. 마치, 본인의 사명이기라도 하듯 모든 대상자를 진심으로 대했다. 그런 그녀의 모습이 참 멋있었다.

　지금의 내 아내는 당시 경기도에서 서울로 출퇴근을 했다. 비가 오나 눈이 오나 그녀의 손에는 항상 벤티 사이즈의 아이스 아메리카노가 들려있었다. 한겨울에도 아이스 아메리카노를 즐겨 마시는 그녀의 모습이 조금 신선했다. 매일 커피를 책상 한편에 두며 하루를 시작했던 그녀의 모습이 여전히 눈에 선하다. 그래서 그런지 나 또한 한겨울에도 아이스 아메리카노를 즐겨 마시게 됐다. 부부는 그렇게 닮아가나 보다.

 뭐가 그리 바빴는지 그녀는 동사무소 한구석에 있는 상담실에서 편의점 도시락을 종종 사다 먹곤 했다. 밥이라도 한 술 뜨려다가 민원인이 오면 부리나케 달려가 민원 업무를 보던 그녀였다. 아무리 그래도 점심시간만큼은 보장되어야 한다는 나의 지론은 그녀를 통해 그렇게 깨져버렸다. 동사무소는 접근성이 좋은 편이어서 쉴 새 없이 민원인이 드나든다. 만약, 본인이 점심을 챙기지 못하면, 종일 정말 일만 하게 될 수도 있다. '국민의 봉사자로서 그 정도는 감수해야 하지 않나?'라고 물을 수 있을지 모르지만, 공무원도 밥도 먹고 숨도 돌려야 하는 인간이다.

 이따금 자율 청소, 김치 담그기 등의 동 행사를 함께하며 그녀와 이야기 나눌 수 있는 기회가 마련됐다. 무슨 말만 하면 웃어대는 그녀 덕분에 그 당시 나는 내가 진짜 웃긴 사람인 줄 알았다. 그만큼 그녀는 순수하고 배려심 많은 사람이었다. 자꾸만 눈길이 가는 그녀에게 어느 날, 무슨 용기인지 나는 저녁을 먹자고 제안했다.

"주임님, 오늘 저녁에 약속 있어요?"
"없는데요?"
"그럼, 저녁, 같이 먹을래요?"
"네, 좋아요. 누구랑 가요?"
"주임님이랑 저랑 둘이요."
"네? 둘이요?"
"네. 뭐 먹을지 고민해 봐요."

우리는 그날 저녁, 생애 첫 데이트를 즐겼다. 평소 내 돈 주고 절대 가보지도 않을 레스토랑을 예약해 그녀와 저녁 식사를 했다. 타인을 배려하는 말투, 화려하지 않지만 귀여움을 겸비한 그녀의 모습에 더욱 마음이 끌렸다. 사람 보는 눈이 없는 나였지만 당시에는 내 예상이 적중했다.

그날 이후, 아내에게 본격적인 구애를 시작했다. 야구장에 가본 적은 있는지, 아이스 스케이트는 잘 타는지, 때론 맛집을 같이 가자며 참 많이도 들이댔다. 굳건한 그녀의 행동에 조금 당황하기도 했지만 그렇다고 물러설 나도 아니었다. 그렇게 몇 차례의 만남을 이어가던 우리는 6개월 후 뜨뜻미지근한 관계를 정리하고 연인으로 거듭나게 된다. 비밀 연애를 하기로 했으나 세상에는 비밀이 없는 법이었다. 회사 주변에서 데이트하며 주변을 오가는 직원들에게 들키는 바람에 얼마 못 가 우리의 정체는 탄로 난다. 사실 상관없었다. 아니, 오히려 더 좋았다. 내가 그녀에게 도장을 찍은 셈이었으니 말이다. 연애를 시작한 지 얼마 지나지 않아 지금의 아내에게 결혼하자는 말을 종종 건넸다. '같이 살면 지금처럼 밖에서 안 만나도 되고, 온종일 같이 있을 수 있어.' 등의 갖은 변명으로 그녀와 결혼하기 위해 그렇게도 애를 썼다.

그녀는 철벽이었다. 그럴 법도 했다. 만난 지 얼마 되지도 않은 사람과 결혼한다는 결정을 내리는 일도 쉽지 않았을뿐더러, 내가 어떤 사람인 줄 알고 자신의 인생을 그 짧은 연애 기간에 맡길 수 있었을까 싶다. 우리가 만난 지 1년이 됐을 무렵, 아내는 다른 동사무소로 인사 발령이 난다. 사무실에서 알콩달콩한 시간을 보낼 순 없게 됐지만, 인근 동사무소로 배치된 것은 우리에게 주어진 일말의 위안이었다. 업무가 과다한 동사무소에 배치되어 한편으로 걱정됐지만 선전하는 그녀의 모습을 보며 내심 대견한 마음이 들었다. 스트레스받는 일이 있어도 내색하지 않고 데이트에 집중했던 그녀의 모습은 지금 생각해도 참 프로다웠다. 하나의 에피소드를 말해본다면 데이트할 때, 그녀는 일절 휴대전화를 보지 않았다. '데이트할 때는 내게 온전히 집중하고 싶다.'라고 말했던 그녀의 말은 아마 평생에 기억에 남을 것이다. 그만큼 그녀는 배려라는 단어를 품고 사는 사람이었다.

직장과 집이 멀었던 그녀는 결국 회사 주변 근처로 원룸 하나를 구하게 됐다. 수원에서 출퇴근하는 내가 보기에도 안쓰러울 정도였으니 잘했다 싶었다. 그렇게 우리의 데이트 장소도 조금씩 변화했다. 한껏 데이트를 즐긴 후, 우리의 마지막 종착역은 언제나 2호선 봉천역이었다. 그녀는 매일 봉천역까지 나를 바래다주며 배웅해줬다. 본인은 금방 집에 간다며, 먼 거리 조심히 가라던 그녀의 모습이 생생하다. 내가 아내를 사랑했던 만큼 아내 또한 나를 배려했던 게 아닐까 싶다.

이따금 출장길에서 봉천역을 지나친다. 혹시 누가 볼까 몰래 손잡고 거닐었던 추억이 그곳에 남아 있다. 벚꽃이 만개한 어느 날에는 봄의 포근함을 만끽했고, 눈이 오는 한겨울에는 서걱서걱 뽀얀 눈을 걸으며 발자국을 남겼다. 그 순간들은 이제 아름다운 추억이 되었다. 딸아이가 깊게 잠든 밤, 아내와 그날의 이야기를 다시 한번 꺼내보고 싶다. 연애 시절, 우리는 봉천역에서 그렇게나 사랑을 꽃피웠다. 이런 우리의 모습을 봉천역도 기억하고 있지 않을까? 여러분의 머릿속엔 어떤 정류장 혹은 어느 지하철역이 가슴 깊이 남아있을지 궁금하다. 그곳에서 당신은 어떤 추억을 남겼었는지 한번은 떠올려봤으면 하는 바람이다.

드디어 8급으로
환승합니다

아내와 연애하며 좋은 일들이 많았다. 첫째를 꼽아보라고 한다면 단연코 그녀와의 결혼일 테고, 둘째는 꿈에도 바라던 승진을 하게 됐다는 사실이겠다. 회사원에게 승진이란 무엇을 의미할까? 동기들보다 한 발짝 앞서 나갈 기회이며, 한편으로는 회사 생활을 통해 성취감을 맛볼 수 있다는 데 의의를 둘 수 있겠다.

동사무소에서 2년의 근무 경력을 채웠던 시기, 당시의 나는 어떤 생각을 하고 있었을까? 그 누구도 내키지 않는 청소업무를 1년 6개월이나 하면서 솔직한 마음에 승진이라도 시켜주면 덜 억울할 것 같다는 생각뿐이었다. 당시 어느 소문에 의하면 구청에 근무하는 직원들은 고위직을 만나는 일이

잦은 편이다 보니 상대적으로 승진이 수월하다고 들었다. 내 생각에도 설득력이 있었다. 얼굴 한 번 본 적 없는 동사무소 직원에게 좋은 가점을 주고 승진을 시키는 것보다 눈에 익은 주변 사람에게 후한 평가를 주는 게 어쩌면 당연한 일이었을 테니 말이다.

공무원은 언제, 어떤 방법으로 승진하게 될까? 공무원은 일반 승진과 근속 승진 두 형태로 승진을 한다. 여기서 특별 승진은 제외하겠다. 보통 9급 공무원이 근속 승진을 하는 경우는 거의 드물고 속도 차이만 있을 뿐, 대부분 일반 승진을 한다. 승진을 위해서는 '승진 최저 소요 연수'라는 것 또한 필요하다. 예를 들어 5급은 3년, 6급은 2년 이상의 기간이 필요하고 9급은 1년 이상이 필요하다는 식이다. 그럼 9급에서 8급으로 곧장 승진하기 위해선 얼마의 기간이 필요할까? 보통 2년째 되는 해에 승진하는 게 일반적이다. 나의 상황은 어땠을까? 구청에서 근무하지도 않았고 저 멀리 동사무소에서 냄새나는 청소 업무나 하는 내가 승진 대상에 오를 수 있었겠는가. 당연히 비관적일 수밖에 없었다. 하나, 다른 왕도도 없었다. 그저 시키는 대로 일하는 게 당시 내 상황에서는 최선이었다. 어느 날, 지금의 아내에게 물었다.

"이번에 승진할 수 있을까?"

"열심히 했으니까 좋은 결과 있을 거야. 혹시 안 되더라도 실망하지 말고."

"그래, 승진이야 다음에 하면 되지 뭐."

  L. 파스퇴르는 "의지, 노력, 기다림은 성공의 주춧돌이다."라는 말을 남겼다. 나는 이를 '사람 일은 아무도 모른다.'라고 해석한다. 결론부터 말하자면 그 당시의 나는 행운을 거머쥐었다. 당시, 승진 대상자를 역대 최고치로 선발했다. 예를 들어 보통 10여 명을 그간 승진시켜 왔다면 내 당시에는 그의 배수인 20여 명을 승진시켰다. 이 일은 내게 굉장히 상징적인 일이었다. 공무원 합격의 문을 가까스로 닫고 들어온 내 인생에 희망을 선사하는 일과 같았다. 평생 운도 지지리도 없었던 내 인생이 아주 조금씩 풀려가는 느낌이 들었다. 그렇게 나는 입사한 지 2년 만에 8급으로 환승하게 된다.

  그 당시의 승진은 내게 삶의 결이 바뀌는 신호와 같았다. 언제나 구렁텅이에 빠지지만 결국에는 드라마틱하게 난관을 빠져나오는 그런 부류의 인생이라는 것도 재확인했다. 8급 승진 발표가 있던 2017년의 12월의 어느 날, 주체 못 할 기쁨과 설렘을 한가득 안고 지하철에 오른 공무원이 있었다. 세상은 나를 버리지 않았노라고, 어쩌면 나는 운이 좋은 사나이일지도 모른다는 별의별 생각에 잠기며 늦은 밤 지하철에서 미소 짓던 공무원 하나가 있었다. 처음 승진하던 날, 여러분의 퇴근길을 떠올려보자. 그토록 설렜던 순간이 또 있었을까? 매일 이런 기쁨을 만끽할 순 없다. 다시 평범한 하루가 수없이 흘러가겠지만, 그럼에도 지하철 그리고 버스는 당신의 일상 어느 틈 사이로 당신에게 고개를 내밀며 이렇게 말하고 있을는지 모른다. "결국, 넌 언제나 해냈잖아. 오늘도 할 수 있어."라고 말이다.

환승역에서

지하철에는 환승역이 있다.

찰나의 순간,
수많은 사람이 타고 내린다.

잠시 멈추었던 열차는 이내
또 다른 곳을 향해 나아간다.

우리네 인생도 그러하다.
순간의 선택이 새로운 길을 만들고,

서로 다른 인생의 노선이 만나는 곳에서
우리는 서로 다른 길을 찾아 떠난다.

더 나은 나를 발견하기 위한 여정,
그리고 그 한편엔 지하철 환승역이 있다.

전세 정류장에 내린
나의 부모님

 경기도 수원에서 서울의 직장까지 왕복 3시간 거리를 지하철과 광역 버스로 출퇴근했다. 경기도에 살고 있고 서울에 직장을 둔 이들이라면 무리 없이 상상될 그림이다. 신입 1년 차에는 그렇게 먼 거리를 다녀도 마냥 즐겁기만 했다. 5년 만에 백수 생활을 청산한 나로서는 그저 어느 회사에 소속돼 직장을 다닐 수 있음에 감사한 마음뿐이었다. 그 마음은 언제나 내 체력의 한계를 넘어서곤 했다. 사실 아버지는 취업 후 얼마 되지 않아 독립하기를 원했다만 내가 제 발로 나가는 일은 없었다. 실제 나의 독립은 결혼 후에나 이루어진다.

 그러길 한 해 두 해를 지나 세 번째 해를 맞이하니 상황이 조금 달라졌다. 공무원 생활을 막상 해보니 내가 상상했던 것과 조금 달랐다. 업무의 강도는 생각보다 높았고 민원의 강도도 거셌다. 워라밸을 꿈꾸던 나의 바람이 여봐란듯이 줄줄이 깨진 시기였다. 공무원 시험을 준비할 때만 해도 '합격만 시켜주면 물불 가리지 않고 열심히 하겠다.'라는 열정은 그사이 어디로 사라져 버렸는지, 어느새 반쯤 쪼그라들어 있었다. 현실과 이상의 괴리였달까? 내가 너무 많은 기대를 했었나 보다. 하루 24시간 중 3~4시간을 길바닥에 쏟으며 출퇴근하는 일에 지쳐가던 그즈음 나는 부모님께 이런 말을 종종 뱉곤 했다.

"아, 직장이랑 너무 멀어. 힘들어 죽겠다."
"그러게. 멀긴 하다. 아들. 그래도 뭐, 별수 있나? 버텨야지."
"그러게 말이야. 모르겠다. 피곤해."
"힘내, 아들."

평소 부모님과 그리 많은 대화를 나누지도 않던 내가 이런 이야기를 종종 할 정도였으니 당시의 피곤함 그리고 달려오는 민원 스트레스는 극에 달해 있었다고 봐도 무방하겠다. 그럼 내가 살았던 부모님의 집은 과연 어떤 곳이었을까? 아버지 지인의 갑작스러운 이민 결정으로 부모님은 수원 어느 동네의 집 하나를 얼떨결에 매수하게 됐다. 바로 이 집에서 할머니, 우리 형제 그리고 부모님 이렇게 다섯 식구가 10년 넘게 지내며 갖은 추억을 만들었다. 우리 다섯 식구의 베이스캠프였던 셈이었다.

내 평생 세 번의 이사를 다녔다. 아마도 부모님은 세 번째 이사를 마지막으로 이곳에서 죽 머무를 심산이었던 것 같다. 이 집은 부모님에게 어떤 의미였을까? 회사에서 열심히 일하고 때론 욕을 먹기도 하며, 평생 아끼며 살아온 그들의 삶을 대변하는 자산이었다. 부모님 덕분에 할머니 그리고 우리 형제는 편안한 안식처에서 오랜 기간 머무를 수 있었다. 내 부모의 모든 땀과 노력의 결정체라 불리는 소중한 집이기도 했다.

퇴근한 어느 날, 어머니가 나를 불러 이런 말을 꺼냈다.

"아버지랑 이사 이야기 나누고 있어. 그런 줄 알아."
"어? 우리 이사 가? 갑자기 웬 이사야?"
"너 다니기 힘들다면서. 어차피 할머니도 이제 안 계시고 동생도 지방에 있으니 굳이 이 집에 머무를 필요도 없을 거 같다."

"어디로 이사 갈 건데?"

"이제 알아봐야지."

　'도대체 내가 무슨 말을 한 거지?' 그날 이후 부모님은 실제로 집을 보러 다니기 시작했다. 그들이 부동산을 다니며 세웠던 기준은 매우 간단했다. '아들 직장에서 최대한 가까운 곳.' 이것이 부모님 이사의 주된 목적이었다. 부모님은 거미줄 같은 지하철 노선도를 보며 어느 곳으로 이사할지 한참을 고민했을 것이다. 아마 빨간색 신분당선 노선 내 어느 역으로 새로운 보금자리를 마련할 예정이었으리라 추측한다. 실제로 신분당선 지하철을 이용하면 큰아들은 좀 더 빠르게 출퇴근할 수 있었으니, 부모님의 사정권 안에 있었을 것이다. 얼마 뒤, 아버지가 나를 불렀다.

"우리 신분당선에 있는 ○○역 주변으로 이사 갈 예정이다."

"오, 회사랑 더 가까워지고 좋네요! 어디로요?"

"여기로 갈 거야, 근데 여기 주변이 비싸서 이 집 팔고 전세로 가기로 했다."

"전세요? 갑자기 웬 전세?"

아버지 말은 다음과 같았다. 지하철역에서 가깝고 집 상태가 그리 나쁘지 않은 곳을 매수하기엔 가격이 부담됐다고 했다. 어쩔 수 없이 전세로밖에 집을 구할 수 없었다는 아버지의 이야기였다. 나는 이 말을 듣고 무슨 대답을 해야 했을까?

부모님은 내가 푸념 섞어 서울로 출퇴근하기 힘들다며 혼자 지껄인 말을 기억하고 있었을 것이다. 이를 하루이틀 마음에 쌓아놓았을 테고, 결국, 부모님의 집을 정리하도록 만들었다. 오로지 나를 위해 부모님 인생의 전리품과 같던 집을 팔고 임차인으로 변모하게 된 부모님의 사연에 고개를 들 수 없었다. 피땀 흘려 일구어낸 소중한 보금자리를 떠나보내는 부모님의 심정은 어땠을까? 내게는 어차피 집이 넓어서 줄여야 한다고 아무렇지 않게 둘러대긴 했지만, 못내 시원섭섭하지 않았을까? 그리고 내가 만약 아무 말을 하지 않았더라면 부모님은 당신들의 집을 그렇게 갑작스레 팔게 됐을까? 새로 이사한 집은 아파트였다. 진짜 우리 집이 아니라는 사실 딱 하나만 빼고 모든 게 완벽했다. 부모님은 그렇게 못난 자식 놈 덕분에 다시 전세를 살게 됐다. 부모님의 희생 덕분에 아들의 군소리는 쏙 들어갔다.

먼 훗날, 딸아이가 내게 같은 제안을 해올지도 모르겠다. 고민이야 되겠지만 그 녀석을 위한 일이라면 나 또한 나의 부모님이 그래왔듯 무엇이든 하겠지 싶다. 신분당선을 탈 때마다 부모님 생각이 난다. 그 시절 나를 위해 당신들의 모든 것들을 과감하게 포기했던 부모님의 모습이 떠오른다. 이제 내가 받은 무한한 사랑을 딸자식에게 전할 시간이다.

부모님은 그렇게 다시 전세살이를 시작했다

3장 | 또 다른 삶으로 환승할 시간

지방 공무원의 현장 스케치

시·군·구청에 근무하는 공무원이라면 주기적으로 당직 근무를 서게 됩니다. 주중엔 업무 이후 숙직(밤 근무)을 서고, 주말에는 일직(낮 근무) 그리고 다시 숙직의 형태로 365일 일종의 주민을 위한 보초병이 되는 셈입니다. 당직 중에는 반려동물 구조부터 쓰레기 무단투기까지 정말 다양한 민원이 접수됩니다. 어느 날은 눈코 뜰 새 없이 바쁜 시간을 보냅니다. 가끔 고요한 날도 당연히 있습니다. 민원이 너무 늦게 처리될 때가 있어요. 사실 일부러 그러는 건 아닙니다. 해결책을 이리저리 알아보느라 정신없을 뿐입니다. 당직실의 모습을 그려보세요. 여러분의 민원을 해결하기 위해 공무원들이 눈에 불을 켜고 열심히 알아보고 있을 겁니다.

지하철은
상장을 싣고

 딱 5초만 생각해 보자. 마지막으로 상장을 받아본 게 언제였는지 말이다. 정신없이 돌아가는 세상 속에서 그날의 추억 하나가 떠오른다. 초등학교를 졸업하고 주변 친구 대부분은 집 근처 중학교로 배치를 받았다. 그리고 나를 포함한 10여 명의 선택받지 못한 자들은 저 멀리 시내버스로 1시간은 족히 걸리는 한 중학교로 통학을 하게 됐다. 학창 시절부터 운이 지지리도 없었던 나는 새로운 환경에 적응해 나가야 했다. 평생 한 번 와본 적도 없는 생소한 동네와 낯선 친구들까지…. 내성적인 내가 풀어내기 참으로 어려운 문제들이었다.

 말수가 적은 편이어서 친구들의 이야기를 듣는 것엔 언제나 능했다. 수줍은 성격은 어른이 된 지금까지도 쉽게 고쳐 지지 않고 있으니, 그 시절 나는 오죽했을까? 언제부턴가 나는 친구들을 배려하는 사람이 되어가고 있었다. 사실 과정이 더뎠을 뿐이지, 막상 친해지면 그렇게나 말이 많은 나였다. 어쨌든 학급 내 친구들 몇몇을 제외하고 대부분과는 그저 그런 사이였다. 불행인지 다행인지 다른 친구들에게 괴롭힘을 당하는 일은 없었다.

어느새 중학교 3학년이 되었다. 어느 날 담임 선생님께서 교실에 들어와 '효행상' 추천자를 받는다는 이야기를 꺼냈다. 효행이란 무엇인가? 부모를 잘 섬기는 행실을 이른다는 효행. 그 어린 나이에 효행이란 단어를 깊숙이 알고 있는 친구들이 사실 몇이나 될까 싶다.

"우리 반에 효행상 추천할 친구 있을까?"
"김호종을 추천합니다."
'응? 나를? 왜?'

아직도 효가 무엇인지 모르고 부모님께 제대로 된 효를 행해본 적도 없던 나는 얼떨결에 친구들의 추천을 받아 '효행상'이란 걸 받을 자격을 얻었다. 아마 군말 없이 반 친구들과 지냈던 게 주요인이지 않았을까 싶다. 개근상이 전부인 줄로만 알았던 내가 전교생이 한데 모인 운동장 강단 위에 올라 처음이자 마지막으로 교장 선생님께 상장을 받아봤다. 이게 내가 기억하는 그날의 일이다. 이후로, 내가 상장을 받게 되는 일은 단연코 없으리라 생각했다. 탁월하게 공부를 잘하는 학생도 아니었고 그저 있는 듯 없는 듯 조용하게 지내던 나였으니 그럴 만도 했다.

인생의 테이프를 조금 빨리 감아보려 한다. 입사 후 2년이라는 시간이 흘렀다. 민원 스트레스는 이만저만이 아니었지만, 업무도 어느 정도 적응되고 일에 조금씩 자신감이 붙던 시기였다. 사회 초년생으로 모든 일에 열정을 갖고 임했기도 했으니 그 당시 내가 못해낼 일은 없었다. 공무원 조직은 회의가 잦다. 회의를 한 번이라도 안 하면 큰일이 날까 싶을 정도로 다양한 회의가 매주 그리고 자주 개최된다. 상위 기관에서 내라는 자료는 많고 내용은 거의 비슷하다. 이건 무엇을 의미할까? 실무자가 자료를 만들어야 하는 일이 많아진다는 뜻이다. 자주 자료를 만들고 제출했다. 현안 업무는 무엇인지, 그에 대한 대비책은 무엇인지, 무한 반복되는 회의. 매번 똑같은 이야기를 하지만 매번 아주 조금씩은 다르게 써야 하는 고충을 직장인이라면 모두 알고 있을 테다.

내가 일하는 동사무소의 주요 화두는 언제나 청소 업무였다. '지저분한 동네의 환경 개선을 위한 대책 마련.' 대체 일개 동사무소에서 무엇을 할 수 있다는 말인지, 사실 좀 웃겼다. 어쨌든 우리 동의 관심사가 청소 분야에 집중됐던 탓에 자료 제출은 주로 나의 몫이었다. 한두 번이야 당연히 제출할 수 있었다만, 일 년 내내 자료 제출을, 그것도 아주 조금씩 바꾸어 내기란 쉬운 일은 아니었다. 솔직히 부담스러웠다. 그러던 어느 날 결국 사달이 난다.

여느 날과 다름없이 한 선배가 다가와 내게 말을 건넸다.

"주임님. 회의 자료 낼 거 없어요?"
"없습니다. 근데 왜 저만 회의 자료를 내야 하는 건지 잘 모르겠습니다."

그렇게 내성적이었던 나도 성격이란 게 있었나 보다. 연이어 말했다.

"부서에 청소 업무만 있는 것도 아닙니다. 다른 업무들도 많아요. 이번엔 정말 자료 낼 게 없습니다."
"네, 알겠어요, 주임님."

 나보다 최소 10년 이상이나 앞서는 선배에게 그런 대답을 했다. 찝찝하긴 했지만, 마음은 후련했다. 그리고 얼마 지나지 않아 서무 주임이 좋은 소식이 있다며, 나를 사무실 한편으로 불렀다.

"주임님, 이번에 우수 공무원으로 선정됐어. 축하해."
"네?"
"우수 공무원 됐어. 고생 많았네."
"감사합니다."

 나를 달래기 위한 요량이었던 걸까? 아니면 있는 그대로의 사실로 받아들여야 했을까? 어찌 됐든, 나는 16년 만에 다시 상장을 받게 됐다. 이번엔 교장 선생님이 아닌 지자체의 장으로부터 말이다. 직장인들에게 상장은 무엇을 의미할까? 알다시피 승진을 위한 가점이 되기도 하고 회사 경력을 한층 더 드높이는 기록이 되기도 한다. 일련의 사건을 통해 나는 내 인생에 또 다른 추억을 만들어냈다. '당시 나는 선배에게 예의 없게 행동했던 걸까?', '그 상을 진정으로 받을 만한 자격이 있는 사람이었을까?' 지하철에 오르며 위와 같은 고민을 했던 공무원이 있었다. 지금은 어떤 생각일까? 그때 그 시절의 내가 용기를 낸 건 정말 괜찮은 행동이었다고 다독여본다. 사실 진정으로 우수한 공무원은 겉으로 잘 드러나지 않는다. 보이지 않는 곳에서 묵묵히 자기 일을 하는 사람이 진정한 우수 공무원이다. 그래도 그 시절의 나에게 이렇게 말해주고 싶다. "그때 정말 잘했고, 앞으로도 분명 잘 해낼 거야."라고 말이다.

지하철은 당신의 삶에 어떤 의미인가요

여기서
하차하겠습니다

 동사무소에서 사회 초년생으로 일한 지도 어느덧 2년이 지났다. 골목길 쓰레기를 치우며 냄새나는 쓰레기 적환장을 매일 같이 드나들던 일도 그제는 일상이 되었다. 그즈음, 새로운 동장 하나가 동사무소로 부임하게 됐다. 부서장이 바뀐다는 건 어떤 걸 의미할까? 부서의 운영 형태가 변경될 가능성이 커지고 부서장의 관심 분야에 따라 직원들의 업무 강도가 달라진다는 이야기가 되겠다.

 새 부서장의 취임에 따라, 동사무소의 움직임도 바빠졌다. 팀장은 아마 부서장이 어떤 사람인지, 어떤 스타일로 업무를 추진하는지 궁금했을 것이다. 여기저기 수소문했을지도 모른다. 그럼, 사회 초년생인 나는 어떤 기분이었을까? 큰 감흥은 없었다. 어차피 청소 업무야 손에 익은 상태기도 했고 어떤 걸 시킨다고 한들 적어도 동사무소에서만큼은 크게 두려울 일도 없었다.

   이전 글에서 2년 만에 승진했다고 말한 바 있다. 참고로 내가 속한 자치구에서는 승진하면 보통 다른 곳으로 인사 발령이 나곤 했었다. 주변에서 그렇게 말하길래 나도 정말 그런 줄 알았다. 곧 있으면 이곳을 떠날 수 있다고 생각하니 정말 기뻤다. 지저분한 청소, 골치 아픈 과태료 매기는 일도 더 이상 하지 않아도 되니 얼마나 기분 좋았을까?

   인사이동 발표날이 되었다. 선배들이 말하길 총무과로부터 전화를 받으면 인사이동, 아니면 잔류라는 이야기를 들었다. 그날 오후, 내 전화기는 울리지 않았다. 맞다. 잔류였다. 안쓰럽게 바라보던 주변 직원들의 시선과 한껏 부풀었던 마음이 순식간에 사그라든 그날의 감정은 기억에서 여전하다. 애석했다. 슬프지만 뭐 어쩌겠는가. 그날 이후 6개월을 더해 동사무소에 머무르며 청소 업무를 봤다. 직장에서 하기 좋아서 하는 일이 어딨겠냐만, 어쨌든 지금 와서 느끼는 당시의 감정을 '버텼다.'라는 말로 정리하고 싶다.

다음 인사이동 시즌이 찾아왔다. 더는 이곳에 머무를 수 없었다. 인수인계서를 진즉에 써놓고 떠날 준비도 모두 마쳤다. 내가 그런 생각을 하고 있을 즈음, 또 한 번 우리 동에 새로운 동장이 부임했다. 그러곤 그가 부임한 지 얼마 안 돼 동장실에 들어갈 일이 생겼다.

"보고드릴 건이 있어 방문했습니다. (어쩌고저쩌고.) 그만 가보겠습니다."
"김 주임. 여기서 얼마나 근무했지?"
"2년 6개월 근무했습니다."
"그렇구먼. 김 주임. 혹시 6개월만 여기서 더 일해볼 생각 없나?"
"네. 없습니다. 구청에서 일해보고 싶습니다."
"알겠어. 나가봐."

근무 기간을 3년 채운 고인 물이 되긴 싫었다. 업무도 지겨웠고, 득달같이 과태료 사전통지서를 들이밀며 따져대는 민원인들에게도 신물이 났다. 더 이상의 미련도 없었다. 그리고 얼마 뒤 인사 발령이 났다. '김호종. ○○부서로 근무를 명함.' 두근대는 마음을 안고 출근했던 인생의 첫 발령지 동사무소에서 드디어 해방되는 순간이었다.

  2년 6개월을 근무하며 오만가지 추억을 남겼다. 가장 먼저 지금의 내 아내를 만나게 된 것이 당연지사 내 인생 최고의 순간이었다. 부동산에 관심 많은 한 선배 덕에 훗날 집을 마련할 계기도 만들었다. 마지막으로 사회생활은 내 마음대로 되지 않는다는 것을 여실히 알게 해준 곳 또한 이곳이었으니 오만가지란 표현이 딱 알맞겠다.

  2018년 하반기, 구청에서 새로운 출발을 알리게 됐다. 섭섭하다기보다 속이 시원했다. '이제 나도 손에 더러운 거 안 묻히고 깔끔한 복장으로 출퇴근할 수 있겠구나!'라는 웃지 못할 생각도 들었다. 이런 마음을 담은 내 인생 첫 번째 인사이동 결과는 어땠을까? 구청 내 신생팀 하나로 발령받게 된다. 무에서 유를 창조해 내야 하는 신설팀. 진짜 일복은 타고났나 보다. 누구도 해본 적 없는 일을 한다는 건, 두려움과 동시에 짜릿함을 선사하기도 한다. 그런 설렘을 안고 새로운 도전을 앞둔 공무원 하나가 지하철에 몸을 실었다. 그날의 나는 과연 어떤 모습이었을까? 지하철에 묻고 싶다.

새로운 역,
새로운 업무

 2018년 7월, 두려움과 설렘의 마음을 동시에 안고 구청에 첫 출근을 했다. 더욱 난도가 높아진 업무에 부담감을 느끼기도 했고, 한편으로는 무탈하게 구청이란 곳에 연착륙하길 바라는 마음을 담아 출근길에 올랐다. 낯선 지하철역을 올라와 걷다 보니 멋들어진 구청이 어느새 내 눈앞에 들어왔다. '언젠가 이곳에 오겠지.' 싶었던 그곳에서 이제 실제로 근무하게 됐다. 참고로 구청에서 근무한다고 해서 그 직원 실력이 더 출중하거나 한 건 아니다. 순환 근무 시스템이라고 말한다면 조금 더 이해가 더 빠를까?

 나는 구청 내 어느 부서의 한 신생팀에 배치되었다. 자치구에서 야심하게 기획하고 있는 TF 개념의 팀이기도 했는데,

내 생각에 부서 신설 이전에 팀 단위의 규모로 운영하며 어떤 결과물을 만들어낼 수 있을지 미리 확인하고 싶었던 것이라 짐작한다. 새로운 팀이 만들어지는 건 좋다고 치자. 그럼 문제점은 없을까? 가장 먼저 예산 문제가 있을 수 있다. 사업을 추진하고 싶어도 예산이 없다. 그러나 그보다 큰 문제가 하나 더 있다. 바로 '참고할 만한 기존 문서가 없다.'라는 사실이다. 공무원에게 참고할 만한 문서가 없다는 것은 꽤 난감한 문제다.

공무원의 문서는 대부분 비슷하다. 문서 하나에 가장 정확한 정보를 담아내야 하기에 기존 문서를 참고해 작성하다 보면 사실 엇비슷해진다. 그럴 수밖에 없다. 민원인 입장에서는 사실 똑같아 보이겠지만, 온갖 문서를 뒤져보고, 어쨌든 조금 더 나은 결과물을 만들기 위해 공무원들이 부단히 애쓰고 있다는 점은 잊지 않았으면 한다. 조금 구시대적이고 효율성이 떨어져 보이기도 하지만 이게 공무원의 생리이기도 하니 별수는 없다.

여하튼. 오롯이 새로운 문서를 만드는 것이 신생팀이 생존할 수 있는 유일한 길이었다. 그렇게 시작됐다. '결과물을 만들어내야 한다.'라는 사명감으로 시작한 신생팀의 업무는 물불을 가리지 않았다. 타 자치구를 방문해 벤치마킹할 만한 사례는 없는지 직접 찾아가고 새로운 일감을 찾아 나서기 시작했다. 그렇게 6개월을 보내니 새로운 부서 하나가 만들어졌고 업무의 규모는 더욱 커갔다.

어느 날부터 타 부서에서 전화가 밀려오기 시작했다. 부서 업무를 조금이라도 넘겨보려는 광경은 정말 진풍경이었다. 처음엔 몰랐다. 신설 부서고 업무도 체계화되어 있지 않으니, '그럴 수도 있겠지.'라는 순진한 생각이었다. 직장인이라면 모두가 그러하듯, 부서마다 골칫덩어리 업무가 하나둘 있게 마련이다. 당장이라도 떼어버리고 싶은 업무가 있지 않은가? 답도 안 나오는 그런 업무들 말이다. 그런 업무들을 신생 부서에 기를 쓰고 넘기려 했다. 이는 신생팀과 신생 부서의 숙명이라고 생각한다. 그 진검승부에서 우리 부서는 나름의 승리를 쟁취한다. 새로운 업무를 만들어냈고, 떠맡으면 안 될 것 같은 업무는 과감하게 쳐낸다. 물론 과장의 강단 있는 결정과 역량이 가장 큰 몫이었겠다만 뒤에서 열심히 자료를 준비한 선배들의 몫도 인정해야 한다는 생각이 든다.

그 무렵, 회사 일을 제하고 개인적으로도 굉장히 바쁜 일정을 소화하고 있었다. 그해 10월 결혼을 앞두고 있었기 때문이었다. 아내와 함께 집을 알아보랴, 결혼 준비하랴 정말 바쁘게 지냈다. 사실 아내 덕분에 속도감 있게 결혼을 준비할 수 있긴 했다. 새로운 부서에 적응이 필요한 내 사정을 고려해 결혼 준비 대부분을 혼자 해냈으니 실로 대단한 여인임은 틀림없었다. 만약, 나 혼자서 결혼을 준비하라고 했으면, 당연히 입이 빼죽 나오지 않았을까?

지하철에서 새로운 업무에 머리를 싸매던 어리바리한 공무원 하나가 있었다. 여러분도 그러한 순간이 있었을 게다. 새로운 부서로 발령 났을 때의 설렘과 새 업무에 대한 부담감을 안고 지하철이나 버스에 올랐던 순간들 말이다. 다시 한번 말하지만, 여러분이 치열하게 고민했던 그 과정이 지금의 여러분을 만들었다. 당시엔 그렇게나 힘들었지만, 그래도 지금 여러분의 기억 속에 그 순간은 어느 정도 미화되지 않았는가? 지금 당신은 지하철과 버스에서 어떤 생각을 하고 있을지 궁금하다. 너무 걱정하지 않길 바란다. 결국, 당신은 해낼 테니까. 언제나 당신을 응원한다.

지방 공무원의 현장 스케치

읍·면·동 주민센터에 근무하는 공무원들에게는 딱히 점심시간이랄 게 없습니다. 접근성이 좋기에 쉴 새 없이 민원인들이 드나들기 때문이죠. 점심시간 제도를 만들었으면 좋겠다는 생각입니다. 밥은 먹고 일해야죠. 실제로 우체국은 12시부터 13시까지 점심시간으로 정해놓았죠. 처음엔 저도 좀 어색했지만, 시간이 흐르니 저도 적응이 되네요. 국가직이 이런 추세이니 지방 공무원의 세계도 곧 이런 날이 다가오지 않을까 싶습니다. 밥은 먹고 일합시다.

우리 부부의
오작교가 된 지하철

그들이 처음 만나던 날을 기억한다. 2017년의 봄, 몇 날 며칠이었는지 정확히 기억할 수 없지만, 그날 날씨와 공기 그리고 분위기만큼은 내 머릿속에 또렷하다. 구름 한 점 없이 화창한 날이었고, 공기는 청량함을 가득 담았다. 이쯤 되면 이날 누구를 만났을지 아주 조금은 궁금할까? 그날은 나의 아내와 우리 부모님이 처음 만나는 날이었다. 결혼한 이들이라면 감각적으로 그리고 본능적으로 기억할는지 모른다. 설령 결혼하지 않은 이라면 우연히 이성 친구의 부모님을 만나게 된 날의 느낌 정도라 생각하면 좀 이해가 될까.

부모님과 첫 만남을 앞두고 긴장한 표정이 역력했던 그녀의 표정이 눈에 선하다. 생글생글 웃는 모습이 매력적인 나의 아내도 그날만큼은 꽤 긴장했다. 그럴 만도 했다. 결혼하기 위해 부모님을 처음 만나는 자리에서 그 어느 누가 마음이 편할 수 있을까? 내가 장모님을 처음 만난 날과 같이 아내도 나와 같은 감정을 느꼈을 것이다. 혹은 그 이상의 감정이었는지도 모르겠다.

 수원에 사는 우리 부모님을 만나기 위해 아내는 지하철에 몸을 실으며 오만가지 생각을 했을 것이다. 어떤 말을 해야 할지 감도 안 잡혔을 것이고 이야깃거리는 없는지 스마트폰을 열어 나름의 자기소개를 준비했을지 모른다. 화창한 토요일의 오전, 지하철의 한 역에서 아내를 먼저 만났다. 부모님을 처음 만나는 자리라 그런지, 더욱 단아해 보이는 그녀의 옷차림이 눈에 들어왔다.

"조금 긴장된다."
"그냥 있는 그대로 보여주면 돼. 상견례 자리도 아닌데 뭐. 괜찮아."
"그런가, 그래도 긴장되는 건 사실이잖아."
"최대한 편하게 만나자."

아내와 부모님은 이날 그리 무겁지도, 너무 가볍지도 않은 퓨전 레스토랑에서 처음 만나게 됐다.

"안녕하세요."
"그래요. 만나서 반가워요. 오느라 힘들었죠?"
"아녜요. 하나도 안 힘들었습니다."

어색한 공기 흐름을 알아채고, 음식을 주문해 가벼운 이야기로 적막감을 없앴다. 아내는 미리 준비한 선물을 부모님께 건네기도 하며 어색한 분위기를 풀어나가기도 했다. 나야 내 부모인지라 어려울 것은 없었다만, 아내는 나처럼 쑥스러움이 많아 고전했을 법도 했다. 이를 알고 부모님도 아내에게 이것저것 많이도 물었다.

"우리 애가 잘해주나요?"
"네, 그럼요. 그래서 만나고 있는걸요."
"못되게 굴면 나한테 꼭 말해요."
"네, 그럴게요."

번외의 이야기지만 내가 아내와 싸우거나 속을 썩이는 일들이 있었어도 아내는 지금껏 나의 부모님께 한 번도 그런 이야기를 꺼낸 적은 없다. 결국, 우리의 얼굴에 먹칠하는 셈인 걸 알고 있나 보다. 2시간 남짓, 나의 부모님은 아내의 많은 부분을 알게 모르게 관찰했을 것이다. 대화하며 그녀의 성품을 봤을 테고, 어떤 행동 하나에 주목하기도 했을 것이다. 그 결과는 어떻게 됐을까? 아내는 부모님과의 만남에서 합격을 받는다. 언젠가 이날에 대해 부모님에게 물어본 적이 있다.

"어떤 부분이 마음에 들었어요?"
"싹싹하고 예의가 바르더라. 그리고 생글생글 웃는 게 좋았어."
"그 부분은 진짜 최고지. 고마워요."
"그래, 잘 살아라. 그게 효도다."

짧은 한 문장에 많은 함축적인 의미가 담겨있었다. 부모님의 한마디로 그날 그렇게 우리는 결혼을 위한 5부 능선을 당당하게 넘어선다. 부모님과 만나고 아내는 홀로 지하철을 타고 본가로 향했다. 그녀는 지하철 안에서 긴장을 한시름 내려놓았을 테고, 장모님에게 연락해 어땠었는지 상세한 대화를 나누었을 것이다. 친구들과 메시지도 주고받았을 테다. 지하철은 모든 것을 알고 있다.

그 내용이 어땠는지 크게 궁금하진 않다. 그저 우리가 결혼할 수 있도록 오작교를 만들어준 지하철이란 녀석에게 감사함을 전하고 싶을 뿐이다. 그제나 지금이나 우리 부부의 모든 삶에 지하철이 함께하고 있다.

그날을 기억하며 - 아내의 답장

몇 해가 지났는데도 당신이 그날을
또렷하게 기억하고 있다는 게 참 놀랍고 고마워.

나도 그날을 선명히 기억하고 있어.
당신 부모님을 처음 뵙는 자리, 마음속엔 온통 걱정뿐이었어.

조용한 지하철 안에서 내 심장은 요란히 뛰고,
어떤 말을 해야 할지 머릿속으론 리허설을 수백 번 넘게 했거든.

멀리서 다정하게 손을 잡고 웃으며 다가오던
어머님과 아버님의 모습이 아직도 눈에 선해.

당신이 부모님을 많이 닮았기 때문인지
처음 뵈었는데도 낯설지 않고 오히려 편안했어.

그날의 지하철은 우리 사이를 잇는 조용한 다리였어.
이후로도 우리는 늘 지하철을 타며 삶을 나누고 있지.
이제는 사랑스러운 딸과 함께 셋이 나란히 앉아 다니기도 하네.

내겐 하나하나 소중한 시간으로 남아 있어.

지하철이란 친구에게 진심으로 고맙다는 말을 전하고 싶네.

하나 알려줄 비밀이 있어.
당신은 아직도 내가 어머님 앞에서
당신 얘기를 절대 안 꺼낸다고 믿는 것 같더라고.

사실, 당신이 날 속 썩였던 날은 어머님께 살짝 털어놓기도 해.
무거운 얘기는 아니고, 귀여운 넋두리랄까.

어머님은 "그럴 줄 알았어." 하시며 웃곤 하지.
걱정 말아. 내 말은 그저 사랑의 잔소리에 불과하니까.

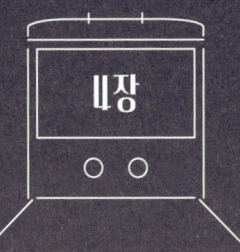

이번 역은 희로애락,
희로애락 역입니다

기쁨, 분노, 슬픔, 즐거움이라는 역에
누구나 한 번쯤은 정차한다.

우리 집 찾아
버스 타고 삼만리

 2018년 4월의 봄, 상견례가 열렸다. 아내와 나, 우리 둘의 넘쳐흐르는 긴장감이 무색하리만큼 상견례는 순조로이 진행됐다. 양가 부모님의 생각이나 사고가 무척이나 비슷했던 덕분이었다. 심지어 종교까지 일치했으니, 장모님과 우리 부모님은 이미 인연이었지 않았나 싶다. 결혼은 자기들이 알아서 하는 것이고 우리는 그저 옆에서 지켜만 보자던 어른들의 말씀을 뒤로하고 우리 부부의 본격적인 결혼 준비가 시작됐다.

 지하철 2호선에 몸을 싣고 삼성역에서 개최되는 웨딩 페어를 방문하고, 지하철 1호선을 타고 저 멀리 종로까지 찾아가 결혼반지를 맞추었다. 지하철 7호선에 몸을 싣고 처음으로 청담동을 방문했던 기억까지, 결혼 준비를 위해 우리 부부는 지하철을 타고 이리저리 발품을 참 많이도 팔았다.

  한편, 부부간의 사랑을 제하고 결혼에 있어 우리에게 가장 중요했던 건 또 무엇이 있었을까? 김빠지는 소리 같긴 하지만 부부가 함께 살아갈 보금자리였다. 여러분에게 집이란 어떤 공간인가? 우리 본연의 있는 그대로의 모습을 보여줄 수 있는 공간, 거친 세상의 굴레를 잠시나마 벗어날 수 있는 유일한 공간이 아마 집이 아닐까 싶다.

  다른 결혼 준비물은 다 차치하고서라도 부부가 함께 살아갈 집에 대한 나의 관심도는 꽤 높았다. 우리가 가진 자금으로 어느 곳에 거처를 마련할 수 있을지, 어떤 곳이 부부에게 가장 적합할지 고민에 고민을 거듭했다. 사실 결혼을 준비하며 아내와 이견이 있던 적은 정말 단 한 번도 없었다. 결혼을 소탈하게 준비했으니 부딪힐 일도 거의 없긴 했다. 하나, 집을 구하는 과정에서 우리는 처음으로 이견을 보였다. 어느 날, 아내에게 물었다.

"어디에 살고 싶어?"
"글쎄, 어디가 좋을까?"

"다른 건 다 괜찮은데, 연식이 좀 되더라도 나는 아파트에서 살고 싶어."

"가진 돈이 없는데? 어떻게 아파트에 살아?"

"오래된 아파트는 괜찮을 거야, 알아보자."

"그냥 회사 근처 투룸 같은 곳도 괜찮을 거 같은데…."

아내의 말도 사실 일리가 있었다. 부부가 함께할 수 있는 공간이면 충분할 법도 했다. 그해 봄의 어느 날, 본격적으로 공인중개사무소에 드나들기 시작했다. 나이만 먹었지, 부동산의 '부' 자도 모르는 부부는 부동산 실장의 말을 그렇게도 열심히 귀담아들었다. 처음에는 회사 주변으로 부부의 집을 알아봤다. 하나, 우리가 가용할 수 있는 금액으로 서울에서 선택할 수 있는 집은 그리 많지 않았다. 실장은 주로 우리 부부에게 투룸이나 넓은 원룸을 매물로 보여주곤 했는데 대부분 마음에 들지 않았다. 예산을 초과한 것은 물론이거니와 그것도 주차가 어려운 언덕배기에 있는 집들이었기 때문이기도 했다.

네댓 곳을 그렇게 다녔을까? 아쉬움을 달래고 있을 찰나, 우리 부부에게 구원 투수 하나가 등장했다. 그 배경엔 아내의 회사 동료 중 하나가 가성비 좋은 서울의 어느 한 지역을 우리 부부에게 추천한 사연이 있었다. 어느 봄날, 아내와 시내버스를 타고 그곳으로 향했다. 창밖으로 하천이 끝없이 펼쳐져 있고 정을 담뿍 담은 아파트 단지 여럿이 우리 눈을 사로잡았다. 사람 사는 느낌이 물씬 풍기는 동네였다. 그곳의 첫인상이 무척이나 마음에 들었다.

부동산 소장을 만나 물건지로 향했다. 우리가 봤던 집은 '서울 금천구에 있는 30년 된 복도식 주공 아파트'였다. 최근에 올수리를 했다며 입이 마르도록 칭찬한 소장의 말대로 집 상태는 정말 마음에 들었다. 아내도 꽤 마음에 드는 눈치였다. 수납장이 풍성한 것도 마음에 들었고, 흰색 조의 밝은 분위기로 꾸민 공간도 신혼부부의 마음을 사로잡기 충분했다. 전 임차인의 말에 따르면 이곳에서 좋은 일이 많이 있었다는 이야기도 전해 들었다. 둘째도 여기서 임신하게 됐다나 뭐라나. 돌아오는 길, 아내에게 물었다.

"어때? 마음에 들어?"
"응. 너무 좋던데? 우리 둘이 살기에 딱 좋은 거 같아."
"그러게, 나도 괜찮더라."

결혼 준비를 하며 가장 중요시한 거주지 문제의 실마리가 풀리는 순간이었다. 그렇게 얼마의 시간이 흘러, 마음씨 좋은 동갑내기 집주인과 우리 부부는 부동산 임대차계약을 맺는다. 잔금을 송금하며 벌벌 떨던 때가 정말 엊그제 같다. 돌이켜보면 그동안 우리 부부는 제법 많이 성장했다. 이사를 하고 몇 달이 지났을 무렵 아내는 내게 이런 말을 건넸다.

"아파트로 이사 오길 잘한 것 같아."
"어떤 면에서?"
"오래되긴 했지만 그래도 깔끔하고 관리도 되는 것 같고, 여러모로 좋은 거 같아."
"다행이다. 그렇게 생각해 줘서 고마워."

주야장천 아파트를 가야 한다고 외치던 나의 고집을 품어준 아내에게 다시 한번 고마움을 전한다. 사실 고집을 부린 다른 이유는 없었다. 그저 아내에게 새로운 주거 공간도 있다고 꼭 말해주고 싶었다. 조금 더 멀리 내다볼 수 있는 시야를 선사하고 싶음도 물론이었다. 같이 살아갈 보금자리를 알아보기 위해 이리저리 누비던 어느 예비 신혼부부가 버스 안에 있었다. 돈 따위는 하나도 없지만, 서로에 대한 배려는 충분했던 신혼부부가 버스 한편에 있었다. 임대차계약을 위해 부푼 마음을 안고 버스에 오르던 그날의 기억은 아마 평생 기억되지 않을까 싶다.

이탈리아 태생의 프랑스 피아니스트 알도 치콜리니는 다음과 같은 명언을 남겼다. "경험은 우리가 얻는 것이 아니라, 우리가 배운 것이다." 중요한 계약이나 만남을 앞두고 지하철이나 버스에 오른 날이 있을 것이다. 여러분은 당시 어떤 생각이 들었는가? 그날 기대감에 걸맞은 대우와 결과물을 받았는지 궁금하다. 사실 성공이었든 실패였든 큰 상관은 없다. 그 모든 경험과 기록은 당신의 인생을 더욱 풍부하게 만들어냈으니 말이다. 스쳐 지나가는 삶 속에서 경험과 지혜를 또렷이 얻어가는 우리가 되길 바라본다.

지방 공무원의 현장 스케치

여름과 겨울이 되면 지방 공무원들은 한층 더 바빠집니다. 여름철에는 집중호우 대비를 위해 지역과 하천을 주기적으로 순찰하고, 겨울철엔 폭설로 인해 얼어붙은 도로에 제설제를 미리 뿌리며 사고를 예방합니다. 조를 정해 돌아가며 주중, 주말 가릴 것 없이 야간 근무를 서는 건 이 계절의 일상이랍니다. 주민의 안전을 위해 지방 공무원은 열심히 일하고 있습니다. 여러분의 작은 응원은 지방 공무원들에게 큰 힘이 됩니다.

서로 다른 인생 노선이
하나되는 날

 2018년 10월, 청량한 공기와 구름 한 점 없는 새파란 하늘이 펼쳐진 가을의 어느 날, 서로를 가장 사랑하는 남녀 한 쌍이 결혼식을 올렸다. 결혼 당일, 감정에 북받쳐 눈물을 흘리던 사람은 아내도 아니고 양가 부모님도 아닌 남편인 나였다. 그날의 나는 내 인생의 큰 전환점을 맞이한다는 사실에 감정을 주체하지 못했던 것 같다. 참고로 아내는 결혼 내내 싱글벙글이었다. 내 인생을 통틀어 가장 아름답고 멋진 순간이라 꼽을 수 있는 결혼식 그리고 그 준비 과정의 기억을 하나씩 더듬어보려 한다.

 혹시 여러분은 어떤 결혼식을 꿈꾸고 있는가? 아니면 어떤 결혼식을 치러냈는가? 아마 화려한 조명이 비추고 수백 명의 관객이 우레와 같은 박수를 보내는 결혼식을 가장 먼저 떠올릴 것이다. 애석하게도 우리 부부의 결혼식은 여러분이 생각하는 바와 같이 수백 명의 축하를 받는 화려한 결혼식은 아니었다. 작은 결혼식을 했다. 돌잔치나 소소한 행사가 열리는 파티룸 하나를 빌려 양가의 몇몇 친지분들을 모시고 소박한 결혼식을 치러냈다. 그 흔한 축의금도 받지 않았고, 그저 우리의 결혼을 진심으로 축하해 줄 수 있는 가족들만을 초대해 결혼식을 했다. 양가 부모님께서 그동안 냈던 축의금들은 어떻게 하느냐고 묻는 이가 있을지 모른다. 우리 둘의 결혼식이나, 장모님이나 부모님이 그동안 여러 경조사를 다니며 치른 비용도 만만치 않았을 테니 말이다. 사실 엄밀히 말하자면 작은 결혼식을 처음 제안한 것은 부모님이었다.

"너희도, 이모네 사촌 누나처럼 작은 결혼식 진행해 보면 어떻겠니?"
"음. 괜찮은데요? 물어볼게요."

나의 작은 결혼식 제안에 아내는 기꺼이 "그러자."라고 응답했다. 그럼 우리 부부는 도대체 결혼이란 인생 최대의 이벤트를 어떻게 생각한 걸까? 간단했다. 실속 있는 결혼이 우리 부부의 중심에 있었다. 인생에 한 번뿐인 최고의 이벤트라며 마치 모든 것에 돈을 써야 한다는 결혼 마케팅에 부부는 호락호락하게 당하지 않았다. 누군가에게 보이는 결혼이 아닌 부부가 만족하면 그만이라는 생각으로 우리 둘만의 결혼식을 준비했다. 그럼 실제로 우리 부부는 결혼식을 어떻게 준비했을까?

머릿속으로 도통 이해되지 않는 부분에 큰 비용을 쏟지 않았다. 스드메(스튜디오, 드레스, 메이크업의 준말)라 불리는 것들은 무료로 대여할 수 있는 인터넷 카페를 검색하고, 결혼반지는 장모님의 지인이 운영하는 종로의 어느 귀금속 방에서 30만 원짜리 반지로 대신했다.

그 흔한 야외 웨딩 촬영 하나 없이 실내 촬영으로 갈음하며 남들이 보기에 별거 없는 결혼식을 부부는 그토록 재밌게 준비했다.

그나마 우리 부부가 관심을 기울인 건 신혼여행이었다. 부부 모두 유럽으로 신혼여행을 떠나고 싶었던지라 그 비싼 서유럽은 제하고 동유럽으로 신혼여행을 떠나기로 한다. 꼴사나워 보일 수도 있다. 뭐 그리 구질구질하게 사느냐고 되물을 수도 있다. 하나, 반대로 물어보고 싶다. 화려한 결혼식 뒤에 남겨진 건 대체 무엇이 있었는지, 한 번의 결혼식에 수천만 원을 태우는 게 과연 합리적인 선택이었는지 말이다.

혹시나 '아내가 서운해하진 않았을까?'라는 생각을 하고 있을 몇몇을 위해 해주고 싶은 이야기 하나가 있다. 전세 임대차계약을 하고 얼마 지나지 않아 우리는 대출을 받아 집을 구입한다. 여기에 놀라운 사실 하나를 더해본다. 얼마 지나지 않아 우리 부부는 추가로 부동산 투자를 한 번 더 감행한다. 등기부에는 아내의 이름이 버젓이 올라와 있다. 화려한 결혼식을 선사하지 못했지만 내 나름의 방식으로 나는 아내에게 자신감과 일말의 자산감을 선사했다.

남에게 보이는 것보다 내실 있는 부부가 되고 싶다. 겉으로 드러나지 않지만, 알고 보면 진짜배기 같은 이들이 우리 주변에 있다. 그런 부부가 되는 것이 나의 꿈이다. 영국의 기업인이자 버진 그룹의 회장 리처드 브랜슨도 "나답게 살아도 괜찮다는 걸 기억하세요."라는 명언을 남기지 않았던가. 우리 부부답게 살아갈 때, 인생도 더욱더 빛날 것이라 믿는다.

내 인생 최고의 순간은 결혼이었다. 소박한 결혼식을 기점으로 10년 전 꿈도 못 꾸었던 일들이 펼쳐지고 있다. 지금에 이르기까지 그 어떤 부침 하나 없었다고 말할 순 없겠지만, 서로에 대한 신뢰 덕분에 우리는 여기까지 왔다. 우리가 현실에 순응하지 않고 지속해서 발전하리란 기대감도 여전하다. 여러분에게 인생 최고의 순간은 언제였는가? 지금이라면 축하를 전한다. 과거의 어느 순간이었다면 조금 더 분발하자. 여러분의 하루하루가 주말같이 신나는 일들로 가득 차길 진심으로 고대한다. 우리 부부도 끊임없이 전진해 보겠다.

독산역
신혼 로맨스

 우리 부부의 첫 보금자리는 서울시 금천구의 30년 된 복도식 주공 아파트였다. 겉은 멀쩡해 보이지만 속은 조금 다른 아파트. 녹물 필터를 끼워도 금세 황갈색으로 변하는 놀라운 마법이 펼쳐진 15평 남짓한 공간, 외풍이 심해 난방 텐트를 설치해야 겨우 잠을 청할 수 있는 곳이 바로 우리 부부의 첫 번째 보금자리였다. 그래도 만족했다. 집은 회사에서 그리 멀지 않은 곳에 있었고, 그저 우리 둘이 지낼 수 있는 공간이 마련됐으니 이보다 행복할 순 없었다. 당시 부부가 회사에 갈 방법은 무려 세 가지나 있었다. 버스를 타고 가거나 버스 그리고 지하철의 조합으로 회사를 갈 수도 있었고 무려 지하철만 타고도 회사에 갈 수 있었다.

집 바로 건너편에서 버스를 타면 그만이었기에 부부는 주로 버스를 타고 출근길에 올랐다. 왜 사람들이 한사코 서울에 머무르고자 하는지 그제야 알게 됐다. 출퇴근길 특권이 부여된 것만 같았다. 서울에서 태어난 사람이라면 굳이 경기도로 이사 가고 싶은 마음은 당연지사 없을 법도 했다. 어쨌거나 여러 고민 끝에 금천구의 독산동이란 곳으로 거처를 정한 건 정말 잘한 일이었다.

이 모든 장점을 차치하더라도 아쉬운 부분 하나는 있었다. 매일 아침 출근길 독산동의 지독한 교통체증이었다. 넓은 대로변은 차량으로 언제나 꽉 들어차 있었다. 독산동을 나가는 유일한 4차선 도로는 언제나 답답하기 그지없었다. 정말 신기했던 건, 버스 기사님의 훌륭한 운전 솜씨 덕에 회사엔 매번 지각없이 도착했다는 사실이었다. 도로 안에서 옴짝달싹할 수 없이 꽉 막힐 때마다 부부가 늘 보던 풍경 하나가 있었다. 바로 독산동 우시장의 모습이었다. 소나 돼지를 도축하는 정육점 그리고 식당가가 즐비한 이 거리를 매일같이 오갔다. 이른 아침 버스 안에서 창문 너머로 매일 소머리를 본다고 상상해 보라. 처음에는 충격이었다. 이것도 수십 수백 번 보고 나니 나중엔 무뎌지긴 했다. 환경이 사람을 만든다는 말이 딱 맞았다.

  한편, 시내버스를 타기 위해 매일 도로를 횡단하기도 했다. 무슨 말이었을까? 거북이걸음을 하는 수많은 차량 덕분에 버스가 끝 차선 정류장까지 도달하지 못하면 사람들은 우르르 차선을 뛰어넘어 버스에 탑승했다. 참 이것도 진풍경이었다. 우리 부부는 언제나 그 대열의 선두에 있었다.

  독산동 주변의 풍경은 늘 포근했다. 사실 주공 아파트가 즐비한 이곳의 풍경은 내 어릴 적 살던 동네의 모습을 쏙 빼닮았다. 족히 30년은 돼 보이는 나이든 이름 모를 나무들이 정겨운 풍경을 자아냈고 누렇게 바랜 놀이터의 미끄럼틀은 내 어릴 적 감성을 불러일으키기 충분했다. 그 시절의 추억을 회상하게 만든 동네였기에 우리는 이곳을 보금자리로 선택하게 됐는지도 모르겠다.

  부모님이 물려준 10년의 연식을 자랑하는 경차 하나로 이따금 야외 활동하고 집으로 돌아오는 저녁이면 이중주차가 기본인 이곳에서 핸들을 돌리고 꺾으며 참 다이내믹한 주차를 하기도 했다. 도저히 주차할 수 없는 공간에도 파킹하는 경지에 이르게 됐으니 아내 그리고 나에게 이곳은 주차법을 가르쳐 준 주차 선생님이 되어준 공간이기도 했다.

아파트 단지 바로 옆 상가엔 자주 가던 동네 치킨집 하나가 생각난다. 토실토실한 치킨 한 마리 가격이 만 원밖에 안 하는 그곳이 우리의 단골집이었다. 결혼식 당일, 식을 마치고 집에 돌아와 먹었던 음식도 심지어 그 집 치킨이었으니 오죽했을까. 만 원의 행복이라는 말이 어울릴 정도로 닭 다리 하나에 그렇게 행복할 수 없었다.

이따금 아내와 독산동 시절의 이야기를 나누곤 한다. 우리의 이야기는 언제나 하나로 귀결된다. '15평의 그 좁디좁은 공간에서 우리 부부는 참 행복했다.'라고 말이다. 필터를 끼워도 녹물이 나오는 환경도 겨울철 외풍이 심해, 침대 위에 텐트를 치고 자야 하는 추위도 썩 마음에 들지 않았을지 모른다. 그런데도 볼멘소리 하나 없이 박봉 공무원 남편을 따라준 아내에게 감사할 따름이다. 그 언젠가 잠자기 전 침대에서 아내에게 넌지시 건넨 말 하나가 있다.

"내가 꼭 행복하게 해줄게." 이런 나의 말에 아내는 어떤 대답을 했을까?

"지금도 행복해. 고마워." 질문에 정답이란 없다지만, 내겐 정답 같았던 아내의 말 한마디였다.

우리 부부는 여전히 독산동을 사랑한다. 누구에 비할 수 없을 만큼 충분한 추억거리를 만들어준 공간이었으니 잊으려야 잊을 수 없다. 훗날 딸아이와 이곳을 다시 방문해 보려 한다. 엄마와 아빠가 머물렀던 공간과 신혼 시절의 이야기를 아이에게 꼭 한 번은 들려주고 싶다. 그리고 딸아이는 우리 부부에게 무슨 말을 건넬지 벌써 궁금하다.

신혼 시절의 추억이 담긴 독산동이 가끔은 그립다

지하철역에서
매일 만나던 그녀

 그렇다면 우리 부부의 퇴근길은 어땠을까? 버스를 이용해 출근했으니 당연히 퇴근길도 버스를 애용했을까? 그건 아니었다. 부부의 선택은 지하철이었다. 어느 지하철 칸에서 만나 '구로디지털단지'라는 역에 함께 내려 버스를 타고 함께 귀갓길에 오르곤 했다.

 서로 다른 곳에서 근무했던 터라 같은 권역을 누비는 버스가 없었기도 했고, 각자의 근무지에서 그리 멀지 않은 곳에 지하철역이 있기도 했으니 어찌 보면 당연했다. 구로디지털단지역으로 향하는 길목을 두고 남편인 내가 먼저 지하철을 타고 잇달아 아내가 지하철에 오르며 부부는 매일 함께 퇴근길에 올랐다. 퇴근 중인 아내에게 전화를 걸어 항상 이렇게 말했다.

"지하철역 가고 있어? 나 지금 지하철역 승강장 4-1이야. 이제 탈게!"
"알았어, 거기로 갈게!"

지하철에 먼저 탑승한 내가 문 앞에 서서 다음 역에서 승차할 아내를 기다리거나 때론 옆 칸에 숨어있다가 놀래주는 시답잖은 장난도 치며 지하철 2호선에서 알콩달콩한 시간을 보낸 신혼부부가 있었다. 아내는 헐레벌떡 뛰어오는 날이 꽤 잦았는데 매번 아슬아슬하게 지하철에 탑승하는 바람에 내 마음은 항상 노심초사였다. 이따금 만남이 틀어져 혼자 구로디지털단지역으로 향하게 되는 날에는 다음 정거장에서 내려 뒤늦은 열차를 타고 오는 아내를 기다렸다가 함께 귀가했다.

한편, 우리 부부는 주중의 일과가 끝난 금요일의 구로디지털단지역을 그렇게도 사랑했다. 구로디지털단지역 앞에는 먹자골목이 즐비해 있다. 휘황찬란한 음식점의 불빛이 '여기 와서 맛있는 거 먹고 가야지.'라며 매번 유혹의 손길을 뻗곤 했다. 우리는 그 꾐에 자주 속아 넘어갔다.

상상해 보자. 한주의 긴장이 풀리는 금요일의 저녁, 사랑하는 이와 시원한 맥주 한 잔 안 할 이유는 전혀 없지 않을까? 버스를 타려다가 이내 아내와 눈빛 교환을 하고 부리나케 버스 정류장을 벗어나 먹자골목으로 향했다. 어느 날은 아내가 좋아하는 회 한 접시를 먹기도 하고 또 어떤 날은 내가 좋아하는 삼겹살도 한 점 구워 먹으며 주중에 쌓인 무거운 짐들을 훌훌 털어버렸다. 시시콜콜한 회사 이야기 때로는 우리의 미래에 관한 이야기를 나누던 우리 부부의 추억이 지하철역 주변 곳곳에 흩어져 있다. 아내가 입사 후 처음으로 상장을 받은 날엔 구디역(구로디지털역의 준말)에서 축하 파티를 열기도 했다. 상장을 활짝 펼쳐 든 그녀의 모습을 담은 사진 한 장은 나의 스마트폰 사진첩에 담겨있다.

어느덧 5년의 세월이 흘렀다. 이따금 지하철을 타고 출장 가는 날 이곳을 지나칠 때가 있다. "이번 역은 구로디지털, 구로디지털단지역입니다. 내리실 문은…." 어떤 물건이나 장소를 보고 문득 추억이 떠오르는 순간 있다. 옛 추억이 모락모락 피어나며 필름처럼 스쳐 지나가는 찰나의 기억들 말이다. 내게는 이곳이 그런 존재다. 〈대부〉라는 영화의 원소설을 쓴 미국의 소설가 마리오 푸조는 "추억은 우리가 가진 유일한 부유물이다."라는 말을 남겼다. 부부의 귀갓길이 되어준 구로디지털단지역에서 키 작은 남녀가 두 손을 꼭 잡고 서 있었다.
우리 부부의 추억 보물은 여전히 그곳에 묻혀있다.

지하철역에서 매일같이 그녀를 만났다

우리 집이란 종착역은
어디였을까

　결혼 후 내게 찾아온 변화 하나가 있었다. 바로 '돈에 대한 관심도가 높아졌다.'라는 사실이었다. 평소, 소비욕이 많은 편도 아니었다. 그저 옷가지 몇 개를 사는 정도가 나의 낙이었으니 말이다. 하나, 결혼 후 가장이라는 책임감 때문인지 정말 기가 막히게 돈이라는 물질에 조금씩 눈길이 가기 시작한다.

　그럼 나는 정확히 언제부터 돈에 관심을 두게 됐을까? 아마 신혼집 전세 계약을 하게 된 시점부터라고 할 수 있겠다. 당시 우리 부부의 임대인은 1987년생 동갑내기였다. 말끔한 양복 차림으로 나타난 젊은 임대인 부부의 모습이 멋있어 보였고, 두 사람이 계약서에 나란히 예쁜 인감도장을 찍는 모습은 그렇게나 인상적일 수 없었다.

  그 일이 시발점이 되어 나 또한 집을 마련해야겠다는 꿈을 꾸기 시작했다. 내 인생의 큰 변곡점이 된 셈이었다. 어느 날 갑작스러운 나의 '내 집 마련' 제안에 조금 당황했던 아내였지만 '우리 집 하나는 있어야 하지 않겠냐.'라는 나의 끈질긴 설득에 부부는 임대차계약을 치르고 두 달이 채 되지 않은 시점부터 본격적으로 내 집 마련을 위한 계획을 세우게 된다.

  2018년 당시의 부동산 분위기도 한몫했다. 부동산 가격이 서서히 오르기 시작하면서 내 집 마련을 안 하면 안 될 것 같은 분위기에 부부는 한층 고삐를 잡아당겼다. 문제는 돈이었다. 전세금에 큰돈이 묶여있었던지라, 임대차계약 후 가용할 수 있는 돈이 많지 않았다. 그럼 도대체 우리는 어떤 계획이었을까? 아는 게 없는 터라 계획도 단순했다. 매매와 전세가의 차이를 통해 내 집을 마련할 용감한 생각을 했던 게 전부였다. 당시 수중에 얼마 없는 돈으로 박봉 공무원 부부가 할 수 있는 최선이었다.

  이 당시, 주변 아파트를 몇 군데 다니면서 임장 활동이란 것을 처음 해봤다. 결과는 어땠을까? 아쉽게도 부부의 마음에 드는 아파트는 없었다. 전세가와 매매가의 차이가 큰 편이었고 연식도 오래된 아파트였던지라 구미에 당기지도 않았다. 하루가 멀다고 부동산 가격이 조금씩 더 오르기 시작했다. 이런 분위기에 밀려 우리 부부는 서울이 아닌 더욱 먼 곳으로 진짜 우리 집을 찾아 나서게 된다. 집을 구하는 우리의 조건은 다음과 같았다. '회사 출퇴근 편의를 위해 지하철역에서 되도록 가깝고 연식이 오래되지 않은 아파트.' 그런 곳이 과연 있었을까? 회사를 중심으로 복잡한 지하철 노선도를 훑으며 고민을 시작했다.

"부모님 댁 근처 수원으로 가볼까?"
"근데 거기는 좀 비싸지 않나?"
"맞아. 비싸지…."
"분명 어딘가에 우리 집이 있을 거야."

경기도 동남부권을 수도 없이 훑던 우리는 어느새 서남부권으로 눈길을 돌렸다. 그중에서도 우리 부부에게 조금 더 합리적으로 보였던 경기도의 어느 한 지역을 들여다보게 된다. 마침, 아내의 고향이기도 했으니 어느 한 사람에겐 익숙한 곳이기도 했다. 당시, 장모님께 전해 들은 바로는 그 일대에 재건축 붐이 일어나 수없이 많은 아파트가 들어서고 있다고 했다. 실제로 손품을 팔아보니, 어느 지역 일대가 천지개벽하고 있었다. 그곳의 분위기가 궁금했다. 주말을 맞이해 우리는 그곳으로 향했다.

인생이란 어떻게 흘러갈지 알 수 없다. 전세가와 매매가의 차이인 갭으로 집을 마련하려고 했던 부부의 계획은 이곳에서 '재건축 입주권'이란 형태로 진화하게 된다. 당시 부동산 사장님의 엄청난 언변도 한몫했다고 하지만 집 바로 앞에 지하철역이 있다는 장점은 직장을 서울에 두고 있는 부부의 마음을 흔들기에 충분했다. 프리미엄이라 부르는 '피'라는 용어도 태어나 처음 들어봤던 부부는 그렇게 얼마 지나지 않아 부동산 매수를 결정한다. 지금 돌이켜보면, 소심한 우리 부부에게 어떻게 그런 용기가 생겼는지 의아할 정도다.

아마 2019년의 4월이었을 거다. 있는 돈 없는 돈 다 끌어모아서, 진짜 우리 집을 계약했다. 아마 평생 기억에 남지 않을까 싶다. 박봉 공무원 부부의 소원이 이루어진 순간이었으니 말이다. 내 모습이 마치 불가능한 미션을 달성해 낸 어느 배우 같아 보였다. 사실 내게는 빌어먹을 오기가 하나 있었다. 공무원 월급으로 어떻게 먹고사냐고 조롱하는 사람들에게 '박봉 공무원도 내 집 마련을 할 수 있다.'라는 걸 보여주고 싶었다. 부질없는 이야기지만, 어쨌든 그들 덕분에 나는 무척이나 성장했다.

20세기 미국 대중음악을 대표하는 전설적인 가수 플랭크 시나트라는 이런 명언을 남겼다. "복수를 원한다면, 가장 강렬한 성공이 최고의 복수이다." 어쨌거나, 내 집 마련은 우리 부부 인생에 큰 변곡점이었다. 이를 통해 우리 부부는 '월급이 인생의 전부가 아닐 수도 있다.'라는 사실을 어렴풋이 깨닫게 된다. 진짜 우리 집 마련은 나의 작은 오기에서 시작해 부부 모두 만족할 만한 결과로 마무리됐다.

이 과정은 정말 우연이었을까? 박봉 공무원의 월급으로 과연 집을 살 수 있을지 의구심을 품기도 했다. 이번 생은 망했다며 말도 안 되게 오르는 집값을 바라보며 자포자기할 뻔하기도 했다. 지금 우리에게 필요한 건 무엇일까? 바로 드높은 실행력이다. 한 번쯤 배트를 휘두를 수 있는 용기도 필요하다. 이대로 주저앉을지 아니면 한 번 더 이를 '악' 물어볼 것인지 곰곰이 생각해 보자. 여러분은 어떤 선택을 할 것인가?

지하철 4호선 끝자락, 신혼부부

2019년의 봄, 우리 부부가 그토록 기다리던 진짜 우리 집을 방문했다. 설렘을 감추지 못한 아내는 집으로 향하는 모든 과정을 동영상으로 기록하기도 했다. 이는 기쁨의 도가니였음이 분명했다. 나 또한 당시 흥분감은 이루 말할 수 없을 정도였다. 아내 앞에서 큰 내색은 하지 않았지만 사실 내가 아내보다 100배는 더 기뻤을 것이다. 호기롭게 시작한 부부의 내 집 마련 프로젝트가 단, 6개월 만에 성사됐다. 미적지근한 성격의 소유자인 나도 '하면 되긴 되는구나!' 싶었다. 집념의 결과물이었던 진짜 우리 집은 향후 부부의 인생에 굉장한 자신감을 선사했다. 당시 독산동 전셋집이 회사와 가깝기도 했고 전세 계약을 한 지도 얼마 되지 않아 우리는 해당 집을 임차 주기로 한다. 6개월 전까지만 해도 임차인 신분이었던 우리가 임대인이 되는 상황은 정말이지 극적이었다. 대규모의 아파트가 공급되는 상황엔 전세 물량이 대규모로 공급돼 임차인 구하기가 힘들다는 사실도 그제야 알게 됐다. 역시 인생은 부딪혀봐야 안다.

 한편, 우리 부부는 이 시기 자본 소득이라는 개념을 처음 접하게 된다. 일하지도 않는데, 임차료가 들어오는 상황이 신기하기만 했다. 이 사건을 계기로 우리 부부는 이제껏 살아온 인생 개념을 변주해 다른 차원의 삶을 살아보기로 결심한다. 어느덧, 독산동 전셋집의 만기가 될 시점이 도래했다. 계약 연장에 대한 의사가 없음을 밝히고 얼마 지나지 않아 새로운 임차인도 구해졌다. 드디어 그토록 기다리던 진짜 우리 집으로 이사를 하게 되었다. 그간의 기다림이 기대감으로 바뀌는 순간이었다. 이삿날의 풍경이 기억에 스친다. 이사하기 그보다 좋은 날은 없었다. 청명한 하늘과 따사로운 햇살이 한가득 내리는 진짜 우리 집에 손때 묻은 짐을 하나씩 채워나갔다. 더불어 이 공간을 더욱더 멋진 추억으로 가득 채우겠노라고 다짐했다.

 이사라는 변화 외에 우리 부부에게 또 어떤 삶의 변화가 있었을까? 맞다. 교통편이 변화됐다. 다시 경기도민이 되어 지하철 4호선을 애용하는 직장인으로 다시 살아가게 된다. 지하철을 타고 1시간 넘는 거리에 떨어진 회사를 출퇴근하게 된 덕분에 부부의 아침은 다시 분주해졌다. 지하철 4호선 끝자락에 있는 어느 동네에 살고 있다. 아이러니하게 이 덕분에 부부의 출근길은 오히려 조금 수월했다. 텅 빈 열차의 어느 칸을 골라 앉아서 회사까지 갈 수 있다는 특권이 부여됐기 때문이었다. 여기서 부부는 밀린 잠도 청하고 대화도 나누며 출근했다. 그럼 퇴근길은 어땠을까? 생지옥이 따로 없었다. 오이도행 하행선 4호선에 탑승하기 위해 수많은 직장인이 줄지어 서 있는 그 대열에 우리 부부도 합류했다. 열차 한 칸에 최대 몇 명까지 들어설 수 있을지 실험하는 것처럼, 콩나물시루에 갇혀 긴 시간을 이동했다. 재수가 좋으면 환승역에서 자리가 나 앉아갈 여유가 간혹 생기기도 했지만, 그런 운이 쉽사리 오진 않았다. 한두 달이 흐르니 일찍 일어나는 일도 다시 익숙해졌다.

나중엔 몇 시에 일어나야 몇 시 몇 분 열차를 탈 수 있고, 어느 열차 칸에 사람이 적은지도 대략 알 수 있게 됐다. 지하철 말미의 열차 칸에는 사람이 덜함도 간파했다. 북새통을 이루는 퇴근길엔 우리는 주로 야근을 선택했다. 간단하게 저녁을 먹고 일하다 오후 8시 전후로 퇴근하곤 했다. 아주 일반적이고 보통인 삶이었다. 결혼 3년 차 부부는 그렇게 새로운 환경에서 지하철 4호선을 타며 새로운 시작을 알렸다. 그럼, 우리 부부는 어느 동화책에서 나오는 엔딩과 같이 '오래오래 행복하게 잘 살았습니다.'라며 끝을 맺었을까? 당연히 그럴 리 없었다.

노선을 잃어버린 아내

 매일 이른 아침 새벽에 일어나는 일이 우리 부부에게 제법 익숙해질 무렵, 아내는 새로운 근무처로 인사이동을 하게 됐다. 고되고 고된 근무지에서 벗어나 누구나 선망하는 부서로 발령을 받게 된 그녀의 말에 따르면 당시 아주 호들갑을 떨었다고 한다. 본인 말로는 개다리춤까지 추었다고 하니 말은 다 했다.

 그동안 타 근무지에서 어떤 고생을 했는지 충분히 들어왔기에 그토록 그녀가 원했던 근무지로 배정받았다는 소식에 나 또한 뛸 듯이 기뻤다. 조금 더 편안한 공간에서 한 박자 쉬어가길 바랐다. 나의 근무지와의 거리도 꽤 가까워져 만족스러웠음은 물론이었다. 일과 이후 아내를 만나 잠깐 저녁을 먹고 다시 업무 보러 들어갈 정도였으니, 그보다 좋을 순 없었다. 하나, 모든 게 완벽하다고 생각했을 때, 뭐든 한 번은 의심해 봐야 한다. 과연 그게 사실일까? 남들이 최고라고 말한들 본인에게 어울리지 않는다면 그곳은 최고가 아닌 최악 아닐까?

아내가 새로 이동한 부서 내 구성원은 많지 않았다. 그 말이 무엇을 의미하는지 우리네 직장인은 모두 알고 있다. 업무의 총량은 줄어들었지만 이와 함께 업무를 소화할 수 있는 인원 또한 동시에 줄어들었다. 예전의 상황과 별반 다르지 않게 됐다. 오히려 업무가 더 과중하게 지워진 느낌이었다고나 할까. 아내가 근무지를 옮기며 퇴근길에 내게 꽤 황당한 이야기 하나를 해주기도 했는데, 그 이야기는 다음과 같았다.

"컴퓨터에 아무것도 없다?"
"뭔 소리야 그게?"
"흠, 인수인계서도 달랑 한 장이고, 참고할 만한 문서가 아예 하나도 없어."
"뭐야. 싹 지워버린 거야?"
"응."

"뭐, 그러냐. 진짜."

공무원의 인수인계는 지옥이다. 딱 하루 한 번, 전임자로부터 인수인계를 받고 나서부터 후임자는 스스로 모든 것을 헤쳐 나가야 한다. 가혹하지 않은가? 하루 한 번 인수인계를 받고 업무를 매끄럽게 해내는 사람은 세상에 아무도 없다. 나도 이 때문에 의원 면직할 뻔하기도 했다. 어쨌든 새로운 업무를 맡으면 처음에는 기존 문서에 의존할 수밖에 없다. 문서를 열어보고 곱씹어가며, 비슷하게 새로운 문서를 만들고 일을 처리해야 한다. 생각해 보자. 만약 당신이 새로운 부서에 발령을 받았다. 그런데 컴퓨터에는 아무 기록도 없다. 어떻게 헤쳐 나가겠는가? 나라면 입이 빼쭉 나올 것 같다.

그런 문서를 깡그리 지워버리고 가버리다니, 일반적인 일은 아니었다. 그럼, 아내는 다음 날부터 업무를 어떻게 처리했을까? 맨땅에 헤딩하면서 다른 부서에 전화를 돌리며 알아봤다고 했다. 이 업무는 어떻게 하는 건지 이곳저곳 물어보면서 말이다. 공무원 조직에서 전임자를 잘 만나는 건 정말 축복이다. 안타까웠다. 일복이 있는 건지 아니면 더럽게 재수가 없는 건지, 그곳에서 아내에게 그런 부류의 일들이 참 많이도 일어났다. 시간이 지날수록 아내의 표정은 어두워져 갔다. 남들은 못 가서 안달이라는 곳인데 정작 아내는 시들어가고 있었다. 변화가 필요했다. 어느 날은 답답한 마음에 "그냥 관둬."라고 말할 정도였으니. 아내의 상태가 어느 정도였는지 짐작이 되리라고 본다. 모든 상황이 아쉽고 왜 아내에게 그런 일이 벌어지고 있는지 도통 이해할 수 없었다. 남편으로서 참 무기력해질 수밖에 없는 시기였다.

훗날, 아내는 육아 휴직에서 복직한 이후 '그 당시 근무지의 터가 이상했던 것 같다.'라는 우스갯소리를 하기도 했다. 우리 부부에게 그곳은 최고가 아닌 최악의 근무지였다. '겉은 화려하지만 속은 빈곤하다.'라는 외화내빈(外華內貧)이라는 사자성어가 딱 어울렸다. 이런 상황에서 내가 할 수 있는 건 그저 차량으로 출퇴근하는 날이면 회사 앞까지 바래다준다거나 언제든 힘들면 관두라는 그런 식의 이야기를 하는 게 전부였다. 이사 후, 창창한 날들만 있을 줄 알았다. 그런데 알고 보니 가끔 폭우도 쏟아졌다. 애써 담담한 척, 용감한 척했던 그녀에게 지금도 참 많이 미안하다. '그때 나는 왜 그랬을까? 좀 더 아내를 살펴봤어야 하는 건데….' 그 시련을 이겨낸 덕분에 아내는 한층 더 마음이 단단해졌다. 이제 내가 알던 그녀 모습으로 돌아왔다. 본인 말로는 '아줌마 파워'라고 하더라. 다른 한편, 이 시기 우리는 새로운 가족을 맞이할 준비를 하고 있었다. 맞다. 아내 뱃속에 새로운 생명이 찾아왔다.

지하철 문이 열리면

이른 아침 승강장
지하철 문이 열리면
새로운 하루가 시작된다.

설렘을 품은 발걸음
때론 무거운 발걸음.

무탈함을 기도하며
오늘도 지하철에 몸을 싣는다.

운수 좋은 날엔
자리에 앉아 꾸벅꾸벅

재수 없는 날엔
손잡이를 잡고 서서
다가올 하루를 준비한다.

지하철 문이 열리면,
매일 새로운 세계가 열린다.

오늘도 무탈한 하루로
기록되길 기도해본다.

엄마 아빠,
얼른 탑승하세요!

아내가 회사에서 그토록 힘들어하고 있을 즈음, 우리 부부에게 새 생명이 찾아왔다. 아내가 임신하게 된 것이었다. 임신 초기, 임산부는 조심스럽다. 혹시 모를 상황에 대비해 안정을 취하는 것이 엄마의 가장 중요한 과업이지 않을까. 당시 아내는 정신적으로 꽤 많이 위축돼 있었다. 마치 내가 알던 예전의 아내가 아니었다고나 할까. 무언가에 조종당하는 것처럼, 그 감정과 분위기에 스스로 조금씩 침전하고 있었다.

힘들게 품은 아이를 지켜내야 한다는 엄마의 책임감 때문에 아내는 당연히 불안했을 테고, 힘든 내색 없이 아무렇지 않은 듯, 회사에 다녀야 하는 직장인으로서 살아가는 삶도 쉽지만은 않았을 것이다. 늘 안쓰러웠다. 입덧하며 출근하는 날이라든지, 회사 일로 스트레스받은 이야기를 할 때면 미안한 마음과 동시에 답답한 마음이 들었다.

"그냥 조금 일찍 육아 휴직 사용하면 안 되나?"
"흠. 중간에 들어가면 업무 공백 생겨서 좀 민폐인 거 같아. 하는 데까지는 해볼게."
"돈 안 벌어도 되니까, 힘들면 눈치 보지 말고 그냥 휴직해."
"알았어."

처음엔 회사 생활에 누가 되지 말라고 융통성 있게 행동하라고 아내에게 조언한 적도 있었다. 지금 와 생각해 보면 남편으로 뱉을 수 있는 최악의 말이었다. 심리적으로 지쳐있는 아내의 편이 되어주지는 못할망정 회사 편에 서곤 했으니, 아내로서는 얼마나 억울했을까 싶다. 사실 그깟 회사가 중요한 게 아니었다. 사랑하는 아내와 배 속의 아이가 무사안일한 것이 세상 모든 아빠의 꿈 아니겠는가? 나의 이런 만류에도 아내는 출근을 계속 이어 나갔다. 아내의 스트레스는 더욱 쌓여갔다. 그렇게 아슬아슬 줄타기하며 임신 20주 차에 다다를 무렵 부부에게 일생일대의 사건 하나가 벌어진다.

산부인과를 방문해 정기검진 받던 어느 날, 우리 아이에게 이상 소견이 있음을 의사로부터 전해 듣는다. 구순구개열 증상이 보인다는 의사 선생님의 말씀이었다. 입술이 제대로 붙어있지 않은 상태로 아기가 태어날 것이라는 의사의 말에 부부는 정말로 하늘이 무너지는 줄 알았다. 아내가 정신적으로 힘들다고 나에게 이야기 꺼냈을 무렵, 그때 나는 아내에게 무조건 휴직하라고 말해야 했다. 정말 후회했다. 이 사실을 알게 된 얼마 이후, 아내는 회사에 휴직계를 제출한다. 회사에서 꽤 많은 상처를 입고 나서야 아내는 집으로 돌아올 수 있었다.

아내는 회사를 위해 최선을 다했다. 누구보다 맡은 소임에 최선을 다했고, 등 뒤에 숨어 이간질을 한 사람도 아니었다. 무리를 지어 누군가를 괴롭힌 사람도 아니었음도 물론이다. 회사는 사실 굉장히 잔인하다. 무리의 의견에 동조하지 않으면, 특별한 사람으로 취급받고 눈에 보이지 않는 불합리한 대우를 받게 된다. 이런 상황에 의견을 개진한다는 건 자살행위다. 글쎄, 회사를 오래 다니고 싶다면 그냥 조용히 묻어가는 게 나을 수도 있겠다. 여담으로 그런 연유로 나는 더는 회사에 의견을 개진하지 않는다. 회사는 변하지 않는다는 사실을 있는 그대로 인정하기로 했다. 지금도 아내는 그때 그 시절이 가끔 꿈속에 나타난다고 말한다. 내가 할 수 있는 것이라곤 그저 그녀의 이야기를 들어주고 더욱 당당해지자는 주문을 그녀에게 전할 뿐이다. 아내가 휴직하던 날, 속 편한 마음으로 귀가하던 모습이 떠오른다. 주차장에서 폴짝폴짝 뛰면서 걸어가던 그녀의 뒷모습을 보며 안도감과 동시에 밀려드는 미안함이 당시 내가 가진 감정의 전부였다. 지금 그녀의 상황은 어떨까? 적어도 내 보기엔 훨씬 더 단단해졌다. 내가 알고 있던 해맑은 그녀 모습으로 돌아왔다.

어쩌면, 딸아이는 우리의 구원자였는지도 모른다. 딸아이가 없었더라면 아내는 조금 더 힘든 시간을 보냈을 것이다. 스스로 무너졌을는지도 모른다. 아이가 우리에게 구원의 손길을 내민 순간부터 아내 그리고 나의 삶은 180도 달라졌다. 딸아이 덕분에 우리의 삶은 다시 생기를 찾게 되었다. 이것이 부부가 딸아이에게 항상 고마움을 전하는 이유다.

꿈이라는 종착역을 향해

수 없이 흔들렸지만, 끝내 여기까지 왔다.
오늘도 꿈을 향해 지하철에 오른다.

승진 열차,
한 번 더 탈 수 있을까

 아내가 임신하고 육아 휴직에 들어오기 이전부터 부부가 오랫동안 고민하던 사안 하나가 있었다. 바로 남편인 나의 '육아 휴직' 사용 여부였다. 본래는 아내의 육아 휴직 이후 교대로 사용할 요량이었으나, "동반 육아 휴직을 하자."라는 아내의 갑작스러운 제안에 부부의 고민은 새로운 국면으로 접어든다. 진료차, 아이를 서울에 있는 병원에 종종 데리고 가는 등의 모든 상황을 고려했을 때, 부부 모두 휴직을 하는 것이 가장 이상적이었다. 하나, 피부에 와닿는 금전 문제와 곧 다가올 승진 문제가 걸려있어 쉽게 결정할 수 있는 상황도 아니었다.

 당시 나는 서서히 승진을 준비해야 할 시기였다. 동기 중

나보다 이르게 승진한 친구들도 하나둘 나오기 시작했으니 조금은 신경이 쓰일 수밖에 없었던 시기였다. 어느 순간부터 승진에 크게 개의치 않는다는 말을 해온 나였지만 막상 또다시 승진 시기가 다가오니 초조해졌다. 출퇴근길 지하철에 올라 하루 수백 번 고민했다. '회사가 중요하냐, 가족이 제일 중요하지.', '아니야, 그래도 지금 시기 놓치면, 너 나중에 후회할걸?'이라는 속삭임이 번갈아 내 귀에 맴돌았다. 가족을 위해 회사 다닌다는 걸 알고 있지만 좀처럼 쉽게 어느 한편으로 쉬이 따라가지 못했다.

공무원은 상·하반기 두 차례에 걸쳐 승진 심사를 한다. 그럼, 그 당시 나의 근무 평가 결과는 어떻게 나왔을까? 결론적으로 지난해보다 순위가 뒤로 한참이나 밀려났다. 어느 정도 예상은 했지만, 그 이상으로 밀려난 상황에 아쉬움이 가득했다. 그럴 수밖에 없는 사연 하나가 있긴 했었다. 누구나 선망하는 주요 부서에 발탁돼 입성한 지 한 달 만에 못 하겠다고 부서 이동을 요청한 전력이 있는 나였으니 좋은 평가를 받을 리 없었다. 결과를 확인하고 바로 아내에게 문자를 보냈다.

'이번에 근무 평가 결과 나왔어. 나 순위 엄청나게 밀렸네.'
'에이 괜찮아, 오히려 더 잘 됐다. 육아 휴직 고민 중이었잖아.'
'그러게 말이야. 차라리 잘됐다. 알겠어.'

최악의 근무 평가와 아내의 위로 덕분에 내 마음은 자연스레 동반 육아 휴직 하는 것으로 기울어졌다. 아쉬움이 없다면 거짓말이었겠지만 별수도 없었다. 그 무렵 즈음, 우리 부부는 뱃속의 호떡이(태명)와 함께 여름휴가를 떠나게 된다. 그날따라 비가 대차게 내렸다. 비가 하염없이 쏟아지는 걸 연신 와이퍼로 닦아내며 조수석에 앉아 있는 아내에게 말을 건넸다.

"내 결정이 맞는 거겠지?"
"뭐, 육아 휴직? 그럼. 당연하지. 뱃속에 우리 호떡이도 엄청 좋아할 거야."
"그래, 하자. 까짓거 뭐 죽겠어?"

고민은 잠시 접어두고 아내와 콧바람을 실컷 쐤다. 카페에 들러 여유롭게 얼음 가득한 아메리카노도 한잔 마시고 그간 밀린 대화도 한참이나 나눴다. 아내와 함께 속초에서 유명하다는 음식점도 들러 저녁 바다 풍경을 보며 휴가를 즐겼다. 숙소로 돌아오는 길, 다시 '승진'이란 단어가 떠올랐다. 진즉 내 손을 떠난 일이었지만 아쉬운 마음도 가득한 건 어쩔 수 없었다. '6개월만 더 해볼까? 아니야. 그래, 이 결정이 맞는 거야.' 하며 숙소로 복귀해 샤워를 마쳤다. 씻고 나와 스마트폰을 보니 메시지 하나가 도착해 있었다. 팀장에게서 온 문자였다. '휴간데 무슨 연락이냐. 무슨 사고 터졌나.' 이런 내 생각과 다르게 메시지에는 대반전의 내용이 들어있었다.

'김 주임. 이번에 승진할 수 있을 것 같다.' 메시지를 계속 읽어 내려갔다. '생각보다 이번 7급 승진 대상자가 많아. 잘하면 하반기에 승진할 수도 있겠어.'라는 팀장의 메시지였다. 온몸에 전율이 흘렀다.

"여보, 나 승진할 수도 있대!"
"와. 정말? 그렇게 됐으면 좋겠다! 호떡이가 정말 복덩이인가 봐!"

승진 탈락을 예상했다. 그저 들러리로 자릿수를 채워주거나 승진자에게 박수를 보내는 것에 그치는 줄 알았다. 돌아와 다시 시작하면 되리라 생각했다. 그런 내 삶에 대반전이 일어났다. 얼떨결에 승진할 기회를 얻게 됐다. 당시 내가 생각한 가장 이상적인 계획은 '7급으로 승진하고, 육아 휴직을 사용한다.'였는데 이 말도 안 되는 상상이 실현되기 일보 직전이었다. '끝날 때까진 끝난 것이 아니다.'라는 말이 딱 어울렸다.

그렇게 간발의 차이로 나는 그토록 원하던 7급 승진을 해냈다. 내가 뭘 잘했다거나 하는 이야기를 하려는 건 아니다. 일이 힘들다며 도망친 이가 무슨 할 말이 있겠나. 그저 행운이란 녀석이 끝까지 나를 끌고 다녔고, 그 결과 얼떨결에 승진한 것이 이 스토리의 전부다. 한편으론 이런 생각도 든다. 아내 뱃속에 있는 호떡이가 정말 복덩이가 아니었을까? 깊은 시름에 빠졌던 우리 부부를 구원해 줬고, 내게는 승진이라는 귀한 결과물까지 만들어줬으니 말이다. 녀석은 복덩이가 확실하다. 딸아이는 내게 이렇게 속삭였는지도 모른다. "아빠! 얼른 들어오세요. 우리 함께해요!"라고 말이다.

나 홀로
지하철

 육아 휴직에 먼저 들어온 아내를 뒤로하고 초여름이 시작된 6월, 나 홀로 출퇴근을 시작했다. 매일 아내와 함께했던 4호선 지하철에 홀로 몸을 싣는 일이 처음엔 다소 어색했지만, 이 또한 점점 일상이 됐다. 인간은 역시 적응의 동물이었다. 지하철에서 나는 뭘 했을까? 특별할 건 없었다. 출근길엔 비몽사몽인 상태로 지하철 어느 한자리에 앉자마자 밀린 잠을 보충했고 퇴근길에는 그저 스마트폰을 만지작거리며 집에 돌아오곤 하는 게 일상이었다. 회식이 있던 어느 날엔 잠에 취해 생애 처음으로 종점까지 가보는 일도 있었으니 적어도 이 일만큼은 좀 특별한 이야기로 남을 법하다. 경기도 출신으로 서울을 오가는 길이 이미 익숙했던 나였지만 그래도 유독 지하철 4호선을 타면서 적응되지 않는 사안이 몇 가지 있었다.

  아침 출근길, 스마트폰으로 한동안 매일 검색하는 단어 하나가 있었다. 바로 '지하철 시위'였다. 유독 4호선에서 시위를 자주 벌이는 단체 덕분에 정말 아슬아슬하게 출근하는 날이 많았다. 퇴근길은 어땠을까? 사당역에서 환승을 해 출퇴근했다. 하루 이용하는 사람이 15만 명이나 되는 이곳에서 수없이 걷고 뛰어다녔다. 내가 아무리 빠른 걸음으로 뛰거나 걸어도 4호선 오이도행 승강장에는 어느새 줄이 길게 늘어서 있었다. 예나 지금이나 하루하루가 진풍경이다.

  운이 좋아 바로 열차에 탑승해도 문제였다. 발 디딜 틈 없는 열차 안의 빽빽함에 숨이 막혔다. 가방을 앞으로 메고 팔짱 낀 채로 마치 목석이 돼 30분 남짓을 달리면 지하철 1호선 환승역인 금정역에 다다랐다. 그즈음에나 꽉 들어찼던 열차가 다소 여유로워지곤 했다. 홀로 지하철을 타는 일은 내게 굉장한 곤욕이었다. 시간을 버리는 느낌이 들었다고나 할까. 그럼, 이 따분함을 나는 어떻게 활용하기 시작했을까? 그 언제부터 지하철에서 책을 집어 들었다. 많은 분량을 읽진 못했지만, 지하철에서 한두 장 책을 읽는 느낌은 조금 특별했다. 시간을 아껴 쓰는 느낌이 들었고 때론 희열감도 느꼈다.

지하철에서 나 홀로 여러 시도와 경험을 하고 있을 무렵, 아내의 배는 정말 남산만 해졌다. 언제 아이가 나와도 이상하지 않을 것 같았던 2022년 9월의 어느 새벽, 진통으로 병원에 입원한 아내는 그날 오후 딸아이를 출산했다. 산모도 아이도 모두 건강했다. 자연분만을 선택한 아내 그리고 당차게 울음을 터뜨리며 부부를 맞이한 딸아이에게 깊은 경의를 표했다. 이 기대에 부응하기 위해 나 또한 미리 준비했던 육아 휴직 카드를 꺼내 들며 다음 해 본격적인 새로운 시작을 알렸다. 그럼, 이 기간 지하철은 내 인생에서 잠시 안녕을 고했을까? 다음 화로 넘어가 보자.

출근길 아닌
꿈의 길로

 2023년 1월, 아내와 동반 육아 휴직을 시작했다. 본래는 1년을 계획했으나 6개월을 연장하면서 무려 18개월을 가족과 함께 보냈다. 주변에 육아 휴직을 하는 아빠들이 점점 많아지고 있다고들 하나, 나만큼 육아 휴직을 길게 쓴 사람은 아마 손에 꼽을 거다. 그 당시 나는 왜 휴직을 연장하게 됐을까? 지난 7년간 회사 생활에만 매여 살던 내게 육아 휴직은 아이가 잠시 쉬어가라는 의미로 안식년을 선사한 것 같았고, 나 또한 딸아이에게 부응하기 위해 최대한 아이와 많은 추억을 쌓고 싶었다. 육아와 가사를 병행하는 일이 어찌나 힘들던지 막상 경험해 보니 아주 조금은 알 수 있었다.

 육아는 단순히 아이를 돌보는 일에 그치지 않는다. 집안일 또한 동시에 하는 것을 의미하기도 한다. 어느 배우자가 '독박 육아'때문에 우울증이 온다고 한 이유를 조금은 알 수도 있을 것 같았다. 번외의 이야기지만 이 문제를 해결할 방법은 정녕 세상에 없을까? 한 가지 있긴 있다. 바로 '동반 육아 휴직'이다. 동반 휴직을 하면 육아와 가사 일을 나눌 수 있다. 분명 타고난 각자의 분야가 있다. 육아에 탁월한 사람이 있는가 하면, 가사에 더욱 능력을 발휘할 수 있는 사람이 있다. 이를 나누면 고됨은 훨씬 덜하다. 더불어 자기 계발의 시간도 마련된다. 독박이란 단어는 동반 육아에선 찾아볼 수 없다. 배우자 중 어느 하나가 아이를 맡아볼 수 있기에 개인 일정을 잡는 등 시간을 상대적으로 자유롭게 사용할 수 있다.

   육아 휴직을 하면서 개인적으로 꽤 많이 성장했다. 인간은 본인 하고 싶은 걸 할 때 가장 행복하다는 사실을 다시금 깨쳤고, '월급이 인생의 전부가 아님'을 이 시기에 처음 깨닫는다. 자유 시간이 부여된 날, 아내에게 양해를 구하고 평소 듣고 싶었던 강의를 종종 들으러 다녔다. 지하철을 타고 서울의 강남으로, 때론 강북으로 내 꿈을 찾으러 다니는 여정이 그렇게나 즐거웠다. 강의 들으며 꿈도 꾸지 못했던 생각의 확장이 이어졌다. 오프라인 강연에 참석할 때면 매번 강연자의 설명과 통찰에 감탄을 금치 못했다. '왜 나는 이런 생각을 못 했던 거지?', '저 사람 천잰데?'라는 혼잣말이 줄을 이었다. 새로운 세상에 도전하는 사람이 이렇게나 많은지도 몰랐다. 모두 세상을 살아가는 데 갈증이 있었나 보다. 그들 사이에서 나 또한 인생을 바꿀 수 있는 사람이 되길 동시에 바랐다.

 '눈 덮인 고슴도치'라는 말이 있다. 자신의 세계에 갇혀 주변을 모르는 고슴도치와 같은 삶을 우리네 직장인들은 살고 있는지 모른다. 중요한 건 그 사실을 알고 새로운 인생을 살아갈 시도를 할지, 아니면 알면서도 그 자리에 머무를지 선택해야 한다는 것이다. 여러분은 어떤 삶을 살고 싶은가? 나는 육아 휴직을 통해 생각의 전환이 일어나는 계기를 마련했다. '모두 다 그렇게 사는 거야.'라는 말은 그저 현실과 타협한 문장에 불과하다. 내가 일확천금을 벌어들일 어떤 투자 방법을 알아냈다는 이야기는 절대 아니다. 그저 나답게 살 수 있고 진정 내가 원하는 일을 할 때, 우리는 더 창의적이고 미래지향적인 삶을 살 수 있다는 말을 꼭 전하고 싶다.

 육아 휴직을 하며 아이의 병원 일정에 동행하고, 종일 함께하며 친밀감을 두텁게 쌓았다. 그간 18개월의 동반 육아 휴직 기록을 글로 담아 지난 2024년 11월에는 생애 첫 '출간'이라는 멋진 기회도 만들어냈다. 인생의 버킷리스트와도 같던 일이 실제로 일어난 셈이었다. 책은 유명한 사람들만 쓸 수 있는 것인 줄 알았다. 내가 잘못 알고 있었다. 책은 '도전할 수 있는 사람'만 쓸 수 있다. 이야깃거리는 누구나 가지고 있다. 이를 실현하느냐, 아니냐의 문제는 오로지 당신에게 달렸다.

제일 처음 육아 휴직 이야기를 주변에 꺼냈을 때, 사람들은 반신반의했다. '돈은 어떻게 해?', '남자가 육아 휴직을 왜 해?'라는 시선. 이 따가운 시선을 뒤로하고, 나는 18개월의 휴직을 성공으로 마무리한다. 더불어 '작가'로서 살아가는 꿈 또한 품기 시작했다. 끝없는 의지만 있다면 못 해낼 이유는 세상 어디에도 없다. 그렇게 지하철 타던 공무원은 어느새 지하철 타는 작가가 됐다.

딸아이, 더 넓은 세상으로 승차하던 날

 아내와 18개월간 동반 육아 휴직을 했다. 선천성 질환을 지니고 태어난 아이 덕분에 부부가 함께 공동 육아하게 된 것이 사연이라면 사연이다. 수백 번 고민한 끝에 내린 결정은 이미 앞에서 말한 바와 같이 여러모로 우리 부부 인생에 잊지 못할 수많은 추억을 선사했다. 아이 통원 치료차 서울에 있는 병원을 오가는 일은 수월해졌고 아내와 육아하며 대한민국 엄마들의 고충을 아주 조금 알 수 있게 됐다. 회사에서 잠시 벗어나 하루를 온전히 스스로 설계할 기회가 마련되었다는 점에선 두말할 것도 없다.

 이 기간 모든 걸 차치하고서라도 가장 소중했던 기억 하나를 꼽으라면 과연 무엇이 있을까? 당연지사 '아이와 모든 시간을 함께 보냈다.'라는 사실이겠다. 매일 아침, 쌔근쌔근 자는 딸아이 옆에 누워 녀석을 가만히 보고 있는 일도, 걸음마를 막 뗀 아이와 산책하는 사소한 일상도 언제나 특별했다. 딸아이는 유독 기차를 좋아했다. 오죽했으면 짠돌이 아빠가 기차 장난감까지 사줬을까. 외출하는 날, 카시트 안에 앉아 창문 너머로 전철이 보이기라도 하는 날에는 연신 뚫어지라 쳐다보던 딸아이였다. 단어를 하나둘 말하기 시작한 이후부터는 "기차, 기차"라 외치며 연신 손뼉을 쳐대기까지 했다. 어느 날, 아내가 내게 이런 제안을 했다.

"우리 호떡이 전철 태워줘 볼까? 저렇게나 기차를 좋아하는데 한 번도 못 태워줬잖아."
"그러고 보니 그러네, 그거 좋은 생각이다. 역시 똑똑해."

나보다 항상 주도면밀하게 아이를 살피는 아내 덕분에 그렇게 아이는 새로운 경험 하나를 앞두게 됐다.

"호떡아, 우리 내일 기차 타러 갈까?"
"기차?"
"응, 호떡이 기차 좋아하니까, 엄마, 아빠랑 내일 같이 기차 타러 가자."

"좋아!"

 딸아이는 엄마의 말에 연신 고개를 끄덕였다. 사실 기차를 탈 일은 그간 없기도 했다. 돌 전에는 아이가 너무 어려 지하철을 탈 엄두가 안 났고, 자동차를 두고 굳이 힘들게 대중교통을 이용해야 하나 싶은 생각이었다. 아빠 중심의 사고 탓에 아이는 그토록 좋아하는 기차 한 번 탈 일이 없었다. 햇볕이 강렬하게 내리쬐던 8월의 어느 날, 엄마는 가방을, 아빠는 유모차를 밀며 온 가족이 함께 지하철 여행을 떠났다. 매일 오가는 지하철역임에도 아이와 함께하니 기분이 색달랐다. 멀리 기차 여행을 가는 것도 아닌 단지 지하철을 타는 일에 불과했는데 말이다. 지하철역에 다다르고 아이와 함께 지하철 승강장 앞에 섰다. 얼마 지나지 않아 지하철이 속도를 늦추며 서서히 딸아이 앞에 멈춰 섰다. 연신 반짝이던 딸아이의 눈빛을 잊을 수 없다.

 "치익" 자동문이 열리고, 딸아이가 한 발짝 떼며 지하철에 올랐다. 딸아이 생애 첫 지하철 탑승이었다. 오전의 열차는 고요했다. 엄마 옆에 딱 붙어 앉아 있는 아이를 지긋이 바라봤다. 아이는 먼발치에서 보기만 하던 지하철을 직접 타며 무슨 생각을 했을까. 차창 밖으로 빠르게 지나는 다채로운 풍경을 보며 아이는 어떤 감정이 들었을까. 연신 창밖을 쳐다보다가도 지하철이 속도라도 내면 금세 엄마 옆에 콕 붙어있던 귀여운 아이 모습이 기억난다. 한참을 가다 목적지에 도착했다. 얼떨결에 엄마 손을 잡고 내린 아이는 문이 닫히고 저 멀리 떠나버린 지하철을 보며 그렇게나 울었다. 무심히 떠나가는 전철이 자기 인생에 처음이자 마지막인 줄로만 알았을 것이다. 그렇게 어른은 아이에게 순수함이라는 감정을 다시 배워나간다.

지하철은 내게 다소 무거운 공간이었다. 출근길엔 회사라는 전쟁터에 바래다주던 녀석이었고, 퇴근길엔 피로감이 항상 내 주변을 맴돌았던 공간이기도 했다. 적막하고 무겁기만 했던 지하철이 딸아이 덕분에 적잖이 밝은 공간으로 다시 태어났다. 이따금 출근길 지하철역에서 아이와 함께 두 손 꼭 잡고 지하철을 기다리던 6-2 승강장 앞에 서보곤 한다. 두 발을 딛고 서 있으면 그날의 기억이 스르르 떠오른다. 어느 날, 엄마와 아빠의 손을 꼭 잡고 제 인생 첫 지하철을 탄 두 살배기 아이가 있었다. 지하철은 딸아이에게 아마 이렇게 말하지 않았을까? "환영해, 앞으로 네 평생의 동반자가 되어줄 게."라고 말이다.

처음 만나는 세상

고사리 같은 손이
커다란 손을 꼭 붙잡았다.

처음 마주한 기다란 지하철 앞에서
아이의 눈은 호기심으로 반짝였다.

지하철이 움직이고
창밖의 풍경이 빠르게 흘러간다.

어린 시절,
지하철은 내게 여행이었다.
딸아이도 그러할까?

넓은 세상과 처음 마주하며
숨죽인 딸아이에게

지하철은 조용히 속삭였을는지도 모른다.
반가워. 친구야.

출간문이
열렸습니다

 복직하기 몇 달 전부터 육아 휴직이 끝나감에 대한 아쉬움을 달래고자 블로그에 글쓰기를 시작했다. 내 나름 목차도 구성하고 매주 요일을 정해 꾸준히 30화를 연재했다. 이런 나의 어쭙잖은 글을 본 블로거들은 어떤 반응을 보였을까? 연재한 글 대부분 반응이 미적지근했다. 간혹 어떤 글이 포털사이트 메인에 오르는 날도 있었지만, 찰나의 순간일 뿐이었다. 독자의 시선을 사로잡을 특출 난 필력을 지닌 것도 아닌 보통의 글에 불과하기 때문이었겠지 싶다.

 얼마 후 복직을 하게 됐다. 몇 달 동안은 꽤 힘들었다. 매일 아침 출근하는 일이 미치도록 싫었고 한동안 잊고 지냈던 직장인의 DNA를 다시 불러일으키는 과정도 더디기까지 했다. 생소한 업무에 민원까지 한꺼번에 쏟아져 밀려 들어오니 당해낼 재간이 없었다. 마치 내 인생에 쓰나미가 끊임없이 밀려오는 것 같았다고나 할까?

나만의 탈출구가 필요했다. 마음의 안정을 찾고 생각을 가다듬고 다시 조일 수 있는 도구가 절실했다. 그렇게 나는 글쓰기를 시작했다. 블로그를 대나무숲 삼아 삶에 대한 다양한 이야기를 풀어냈다. 글이 하나씩 전개될 때마다 마음도 조금씩 안정되는 느낌이었다. 누구에게 말 못 할 이야기를 나만의 공간에서는 마음껏 외칠 수 있었다. 그러던 어느 날 문득, '글쓰기로 뭔가 새로운 도전을 할 수 있지 않을까.'라는 생각이 들었다.

어느 날 아내가 어디서 강의 하나를 듣고 와선 내게 이런 말을 건넸다. "모 작가가 언제까지 책을 쓰면 추천사 써준대!" 건너 들었지만, 뇌리엔 정확히 꽂혔다. 기가 막힌 타이밍이었다. "혹시 ○○○을 말하는 건가? 그 사람이 작가가 되었다고? 게다가 추천사까지 써준다고?" 솔깃한 제안이었다. 그리고 나는 그 당돌한 생각을 실천에 옮기기로 했다.

블로그에 연재된 나의 글을 모아 원고를 만들었다. 나의 이야기를 언젠가 한 번은 세상에 선보이고 싶었다. '분명 어느 누군가에게는 나의 경험이 도움이 될 수 있지 않을까?'라는 일념 하나로 출간 준비를 시작했다. 결심은 했는데, 이후 뭘 어디서 어떻게 준비해야 할지 막막했다. 당시 내가 출간을 위해 준비한 건 그저 출간 관련 도서를 몇 권을 읽고 인터넷을 찾아가며 출간 경험이 있는 사람들의 이야기를 눈에 담아낸 것이 전부였다.

그렇다고 포기할 수도 없는 일이었다. 출간은 꼭 해내고 싶은 수많은 나의 꿈 중 하나였다. 출판사에 직접 원고를 투고하기 시작했다. 서점이나 도서관에 들러 책의 맨 뒤 또는 앞 장에 있는 출판사 이메일을 수집해 작성해 둔 출간기획서와 원고를 출판사에 하나하나 보내기 시작했다. 떨리는 마음으로 어느 출판사에 메일을 보내며 괜스레 뿌듯하기도 하고, 한편으로는 '이게 되려나?' 하며 가슴 졸이기도 했다. 하루 이틀 시간이 흘러 몇몇 출판사로부터 답장이 왔다. 거절의 메시지가 줄을 이었다. '아쉽게도, 이번에는….'과 같은 부류의 답장이 연속이었다. 참고로 원고를 투고해도 읽지 않는 출판사는 허다하다.

세상 당연한 일인데도 아쉬움이 남는 건 어쩔 수 없었다. 얼핏 듣기로는 100여 개의 출판사에 메일을 보냈을 때, 1개의 출판사에서 긍정적인 회신이 올까 말까 한다고 하니 마음 편히 출판사의 문을 두드리는 게 내가 할 수 있는 당시의 최선이었다. 출간에 대한 열정이 사그라들던 어느 날, 한 출판사로부터 메일을 받았다. 기다리던 긍정의 회신이었다. 출간하고 싶다는 제안이 담겨있었다. 어떤 식으로 원고를 다듬어 가면 좋을지에 상세한 피드백도 이어졌다. 예비 작가인 내겐 실로 감동이었다. 실력도 없는 나에게 기회를 준 해당 출판사에 감사한 마음이었다.

한참을 고민한 끝에 회신했다. '출간하고 싶다. 다만, 오프라인을 통해 찾아뵙고 말씀드리고 싶다.'라고 전했다. 솔직히 말하자면 출판사가 어떤 곳인지 정말 궁금했다. 기대감을 그득 담고 하루 휴가를 내 출판사를 방문했다. 추적추적 비가 내리던 어느 날, 작가를 꿈꾸는 한 공무원 나부랭이가 지하철에 올랐다. 어떤 질문을 해야 할지 정리해 놓은 출력물을 차근히 훑어 내려갔다. 당연히 머리에 들어올 리 없었다.

출판사는 2호선 홍대입구역 근처에 자리하고 있었다. 나의 발걸음은 어느 작은 사무실에 다다랐다. 티브이 속에서나 보던 사무실의 모습은 아니었지만 제 나름의 출판사 느낌이 물씬 났다. 컴퓨터 앞에 앉아 출간될 책을 편집하고 있는 직원들의 모습은 꽤 멋져 보였다. 편집장을 만나 내가 책을 통해 풀어내고 싶은 여러 이야기를 전했다. 당일 계약서에 서명하겠냐는 본부장의 제안을 거절했다. 계약서에 어떤 내용이 들어있는지 상세히 읽어보고 싶었다. 더불어 출판 계약을 한다는 설렘도 오랫동안 가져가고 싶었다. 출판 계약서를 들고 사무실 밖을 나와 지하철에 올랐다. 기쁜 소식을 아내에게 제일 먼저 전하고 지하철 어느 한자리에 앉아 출판 계약서를 읽어 내려갔다. 고요한 지하철 안에서 두근대는 심장 소리가 들렸다.

'내 인생에 책 한 권을 내 볼 일이 있을까?' 싶었던 꿈이 현실로 뒤바뀐 순간이었다. 2024년 8월 여름의 어느 날, 출간을 꿈꾸는 30대 후반의 청년이 지하철에 있었다. 말도 안 되는 일을 현실로 바꾸어 내는 모습을 보며 내 평생의 동반자인 지하철은 내게 이런 말을 하지 않았을까 싶다. '너, 오늘 최고였다.' 여러분의 인생 최고의 날은 혹시 언제였는가? 그리고 그날 여러분은 어떤 설렘을 안고 지하철에 몸을 실었는지 궁금하다.

출간이란 새로운 인생을 꿈꾸기 시작한 날, 나는 지하철에 있었다

마라톤 뛰려고
지하철 탄 사연

 새해가 시작되면 으레 우리는 새로운 계획을 세우곤 한다. 가족의 안녕을 바라기도 하고, 개인의 소망을 이루는 한 해가 되길 바라며 첫발을 내디딘다. 푸른 뱀의 해 을사년, 나 역시 한 해를 보다 밀도 있게 보내고자 몇 가지 계획을 세웠다. 그중 하나가 내겐 마라톤이었다. 정신없는 세상 속에서 잊고 지낸 나에 대한 존재감을 되찾고 오랜만에 성취감이란 걸 맛보고 싶었다. 그 도구가 내겐 '마라톤'이었다.

 끈기와 인내의 한계를 대변하는 종목인 마라톤. 올해만큼은 언제든 쉽게 포기해 버리는 나의 성격을 다잡고 싶었다. 사실 육아 휴직 기간 마라톤 대회에 도전장을 내민 적이 있었다. 물론 실패했다. 당시의 실패가 기억에서 잊히지 않았다. 만약 올해 마라톤 완주를 할 수 있다면 포기를 밥 먹듯이 하는 나도 조금은 변화되지 않을까 싶었다.

새해 첫날이 다가왔다. 나는 그 다짐을 곧바로 지켜낼 수 있었을까? 그럴 리가 없었다. 매서운 한겨울에 이불을 걷어차고 밖에서 달리는 일이 쉽지 않았다. 매일 아침 출근을 해야 하는 일정 탓에 몸이 쉽사리 움직이지도 않았다. 주중에 못 한다 치더라도, "주말에 하면 되지 않았냐."라고 묻는다면 내가 잘못했다. 그렇게 몇 달이 흘렀다. 아내는 간간이 내게 물었다.

"운동, 언제 할 거야?"
"곧 할 거야. 걱정하지 마."라고 응수를 놨지만,

개나리가 피는 봄이 찾아올 무렵까지 나는 미동조차 하지 않았다. 그러던 2월 말의 어느 날, 문득 마라톤 생각이 났다. '그러게, 근데 달리기 언제 시작하지?' 도전할 수 있는 날은 아직 한참이나 남았다고 핑계를 대고 있는 나를 발견했다. 그 길로 나의 손가락은 바빠졌다. 마라톤 대회 일정을 검색하기 시작했다. 가장 빠른 일정은 4월의 어느 날이었다. 그리고 그 마라톤 대회를 나는 덜컥 접수해버렸다.

3월 말의 봄, 매서운 강풍이 몰아치는 날, 나의 달리기는 시작됐다. 호기롭게 접수했음에도 정작 진짜 연습은 대회 2주를 코앞에 두고서야 발동이 걸렸다. 참가비로 낸 4만 원도 아까웠고 이번에 또 포기하면 그보다 우스운 일도 없어 보일 것 같았다. 연습 첫날, 정말 심장이 터지도록 뛰었다. 숨이 턱끝까지 차오르게 정신없이 뛰던 날, 나의 한계를 느끼며 동시에 내가 아직 살아있음을 느꼈다. 그토록 가슴이 두근대도록 무언가를 해본 건 실로 오랜만이었다. 대회 당일이 됐다. 서울에서 열리는 대회였던지라 아침부터 분주했다. 이른 새벽, 운동복을 주섬주섬 입고 대회장으로 향하는 4호선 지하철에 올랐다. 대회장에서 심장이 쿵쾅대고 있을 나의 모습을 그리며 대회가 열리는 한강으로 향했다. 마라톤 복장 차림을 한 사람들이 하나둘 지하철에 올랐다. 분명 대회장으로 향하는 이들의 모습이었다. 몇 시간 후면 이들과 함께 마라톤 여정을 떠난다. 얼굴 한번 본 적 없는 이들이지만 무척이나 반가웠다.

여의나루역에 하차해 마라톤 대회장으로 발걸음을 옮겼

다. 수많은 군중이 한곳에 집결했다. 이날 날씨는 나 같은 초보에게 어울리지 않는 날씨였다. 바람도 매섭고 기온도 낮더라. 마치 내 인생 같았다. 뭐 하나 제때 제대로 풀린 적 없는 내 인생. 중고등학교 시절엔 원거리 통학, 남들 한번 가는 대학을 두 번이나 가게 되고 취업하기까지는 무려 5년이나 걸렸다. 요지경 세상 속을 살다 보니 어느덧 나는 한 아이의 아빠가 되어있었다.

이날 대회에서 나는 정말 이를 꽉 물고 달렸다. 연습할 때보다 훨씬 더 거친 호흡으로 쉼 없이 달렸다. 완주로 포기만 일삼던 나를 다시 세워보고 싶었다. 이날 나는 개인 최고 기록으로 완주 메달을 거머쥔다. 포기만 일삼던 내가 결과물을 만들어냈다. 결국, 중요한 건 마음가짐이었다. '성공과 실패는 온전히 자기 자신에 의해서 결정된다.'라는 걸 다시 한번 깨달았다. 이날을 계기로 나는 더 멀리 내달릴 수 있는 자신감 그리고 버틸 수 있는 인내심을 갖추게 된다. 그리고 한 달 뒤, 나는 무려 하프 마라톤까지 정복한다.

동이 터 오르는 새벽, 마라톤 뛰려고 지하철에 오른 공무원이 있었다. 졸린 눈을 비비며 자신과의 대결에서 승리하고자 발걸음을 내디딘 공무원 말이다. 이날 지하철은 내게 무슨 말을 건넸을까? 늘 그래왔던 것처럼 '열렬히 응원할게.'라는 말을 건네지 않았을까? 그에게 고맙다는 말을 전하고 싶다.

에필로그

노선 끝에 내가 그리던
나를 만나길

　우리네 삶에 발이 되어주는 대중교통과 별거 없는 내 인생의 이야기를 한데 엮었다. 내성적인 한 사내아이의 성장 이야기가 다소 따분하게 느껴졌을지 모른다. 세상을 살아가며 당장 어제 일도 기억나지 않는 경우가 내겐 왕왕 있었다. 아내에게 "어제 우리 뭐 했었지?"라는 질문을 던지거나 "나 방금 무슨 말을 했지?"라는 말을 뱉고 어이없어하는 자신을 바라본 순간도 수없이 많았다. 때론 회사 컴퓨터에 중구난방으로 저장해 둔 이름 모를 파일을 찾느라 한참 헤매기도 한다. 정신없이 돌아가는 사회는 그동안 내 정신을 아주 쏙 빼놓았다.

　어렴풋한 내 기억이 먼지처럼 흩어지기 전에 삶을 기록하고 싶었다. 어떤 거대한 치적을 쌓아서가 아니라 그저 열심히 살아왔다고 토닥여주고 싶었다. 글을 하나씩 써 내려갈 때마다 어린 시절의 내 모습을 바라보며 혼자 웃기도 했고, 백수 시절을 회상하며 안쓰러운 마음도 들었다.

그 기억을 되살리는 과정에 언제나 함께한 녀석들이 있었다. 바로 버스와 지하철이었다. 내가 아빠를 사무치게 보고 싶었던 날, 첫 직장에 출근하던 날 그리고 지금의 아내와 신혼집을 알아보러 다니던 순간까지 내 인생 필름에 그들을 빼놓고 말하기란 쉬운 일은 아니다. 우여곡절이었던 내 인생을 뭐라 표현할 수 있을까? 고생 끝에 낙이 온다는 '고진감래'라는 사자성어가 내 인생에 제격으로 보인다. '누가 가장 꼬인 인생을 살아왔나?'라는 대회가 있다면 아마 상위권에는 자리매김하지 않을까 싶다. 지금은 웃으며 말할 수 있지만, 과거 어느 날의 나는 벼랑 끝에 서 있었다.

버스 때로는 지하철의 어느 칸에서 인생의 희로애락을 경험했다. 고민을 짊어지고 오른 버스와 지하철 안에서 그들은 내게 그들의 언어로 내게 안부를 물었을지도 모르겠다. 어쨌거나 나는 그들 덕분에 여기까지 올 수 있었다. 가끔 '어떤 삶을 살아왔나?', '무엇 때문에 이렇게 아등바등 살아가는가?'

라는 질문을 던진다. 때론 삶이 허무하게 느껴지는 순간이 여러분에게 찾아왔을지도 모른다. 내 별거 없는 인생을 읽어 내려가며 여러분의 인생이 스쳐 지나갔을지 모르겠다. 짧은 나의 이야기로 여러분의 삶을 복기하며 더 나은 삶으로 향하는 계기가 되길 바랄 뿐이다.

독일의 극작가 베르톨트 브레히트는 이런 말을 했다. "죽음을 두려워하지 말라. 오히려 보잘것없는 삶을 두려워하라." 혹시 여러분의 삶이 보잘것없다고 느껴진다면 비록 얼굴 한번 본 적 없는 그대들이지만, 이렇게 말하고 싶다. 다른 사람은 흉내 낼 수조차 할 수 없는 당신만의 주옥같은 인생 이야기가 있다. 단지, 진흙 속에 파묻혀 있을 뿐이다.

『오늘도 지하철 타고 출근합니다』를 덮으며 더욱 깊은 여러분만의 추억 여행을 떠났으면 한다. 버스와 지하철이라는 공간에서 펼쳐진 이야기는 수도 없이 많을 테고 순수했던 우리 어린 시절의 모습, 학창 시절의 추억도 자연스레 끄집어낼 기회가 될지 모른다. 사무치게 힘들었던 순간도 있었을 것이다. 하나, 이는 과거에 불과하며 결국 우리가 이겨낸 셈이기도 하다. 매 순간, 자신의 존재를 확인하고 긍정하며 유의미한 인생의 기록을 만들어 나가길 바란다. 누구도 대신 살아줄 수 없는 당신만의 빛나는 인생을 만들어가길 응원하겠다. 지하철과 버스는 항상 여러분 곁에 있다. 마지막으로 조용한 성장의 이야기에 귀 기울여준 미다스북스 출판사에 감사함을 전하며, 사랑하는 아내 그리고 딸아이에게 이 책을 바친다.

가족을 위해, 오늘도 지하철 타고 출근합니다